門徒ことば

語り継がれる真宗民語

三島清円

法藏館

まえがき

思うに浄土真宗の教えは、構造的にはおそらく二つの流れによって相続されてきたものなのだろう。一つは、本山《ほんざん》→末寺《まつじ》→門徒《もんと》という流れ。もう一つは、親から子や孫に伝わってきた、土着の流れである。その二つが、時には共鳴し、時には微《かす》かな緊張関係を生み出しながら、真宗の教えを奥行きのある重層的なものにしてきた。

しかし、ちょうど日本が高度経済成長期にさしかかった昭和三十五年（一九六〇）ごろを境に、後者の流れが急速に途切れ始めたように思われる。それと同時に、かつての真宗門徒が語り継いできた言葉も、平成二十八年（二〇一六）現在では死語化の一途を辿っている。このままではやがて消滅するのではないかという危機感から、その相続と回復を願って、消えかかった記憶の中からそれらの言葉を拾い集めたのがこの著である。

記述にあたっては、それらの言葉がどのような場面において使用されていたのかという点に留意した。活きた言葉には、それが発せられるタイミングと場があるからだ。聞いた言葉を伝えるのがこの本の主眼であるから、なるべくわたしの個人的見解を述べるのは避けるように努めたが、筆勢余って話が広がった文章は文末に付した。

ここに収録した言葉は、妙好人《みょうこうにん》にまで遡るものではない。わたしが生まれたのが昭和二十四年（一九四九）であるから、その少年が昭和四十年（一九六五）ごろの青年に至るまでに門徒の口から直接聞いたものばかりである。いわば、わたし自身がこれらの言葉によって「お育《そだ》て」にさずかったと言うべきだろう。

門徒ことば——語り継がれる真宗民語——＊目次

あ

門徒ことば

語り継がれる真宗民語

あうだけの事には　あわせてもらわんとなア

真宗大谷派（東本願寺）の高山別院《たかやまべついん》（岐阜県高山市）は、「ご坊《ぼう》さま」の愛称で親しまれていた。昭和の終わりごろまでは、「高山別院」と言っても通じず、「ご坊さま」と言い換えてはじめてわかるような年寄りたちがまだたくさん生きていた。

そのご坊さま参りの帰り道に、手《て》次門徒《つぎもんと》が別院の門前のわたしの生まれた寺によく立ち寄った。冬ならば、囲炉裏《いろり》に手をかざしながら、父や母を相手の四方山《よもやま》話にしばしの暖を取っていく。ところが、何かの拍子に、今までの長閑《のどか》な会話が急にしんみりした雰囲気に包まれる時があった。

「そうか、親父さんが亡くなって、もうそんなに経つか」と、父が相手の言葉にうなずく。

「わしも親父の年になってみてやっとで親の気持ちが……。苦労かけたなア」と、門徒。

「あうだけの事にはあわせてもらわんとなア……」と、父。

その不思議な会話を当時のわたしは理解できなかったが、父が漏らした最後の一言の何とも言えない語感だけは、子ども心にも伝わってきた。やがて大人になるにつれて、わたしはこの言葉が長く真宗門徒に語り継がれてきたものであることを知ることになる。人と生まれたかぎり、誰しも生老病死という四つの苦しみにあわない者はない。こういう場合の「あう」に当て字するとすれば、「遭う」であろう。遭遇の遭である。しかし、苦しみに遭遇することが機縁となって、そのまま法にあうことに転じるならば、「あう」の当て字は「遇う」となる。「遭う」が「遇う」に転じて、〝ナムアミダブツ〟

が成就する。転じてみれば、親の死に目に遭う、自分の老いに遭うという人生の辛い出来事が、そのまま如来《にょらい》の「お育《そだ》て」と「ご催促《さいそく》」といただけてくるのだ。

思えば、我らが念仏ひとつ申さるる背後には、五劫《ごこう》のお育ての歴史がある。「そうか、お前もそこまでお育てにあわんとわからなんだか、わしもそうやった」という門徒同士の感応《かんのう》が、「あうだけの事にはあわせてもらわんとなア」という、ため息とも、独り言とも言えない言葉となって伝えられてきた。

あさましい

平成元年（一九八九）にわたしが無住の寺に入ってからまだ日も浅いころ、来客の応対に玄関へ出ていた妻が怪訝《けげん》な顔で居間にいたわたしを呼びに来た。「玄関に来られている門徒《もんと》のお婆さんが何を言っておられるかわからんのよ。あなた、ちょっと一緒に聞いてくれる?」と言う。方言にまだ慣れていない妻に代わって応対に出たわたしは、そのお婆さんの言葉に耳を傾けた。

「わしみたいなろくでもないもんをあんだけ苦労して育ててもらった母の法事を、今ごろ頼みに来るなんて。ああ、なんちゅうお恥ずかしいもんじゃやろ。ご院主《いんじゅ》さま、許してくらしゃいな。こんなあさましい婆《ばば》を。お陰《かげ》さまで自分が今日あることも忘れて、一人で生きてきたような顔をして……。ああ、あさましいあさましい……」。

老婆の用件は、ようするに母親の二十三回忌法事を頼みに来ただけである。しかし、老婆は大きな手拭いで流れる汗と涙を拭いながら、切れ切れの言葉の合間に「あさましい」と「お恥ずかしい」をしきりに繰り返した。

「あさましい」も「お恥ずかしい」も、かつてはまるで真宗門徒の常套句のように耳にしたものであった。真宗の篤信者《とくしんしゃ》を「妙好人《みょうこうにん》」と言うが、明治の妙好人である浅原才市《あさはらさいち》の詩にも「あさまし」が随所に登場する。妙好人を世界に紹介した鈴木大拙《すずきだいせつ》師は、「あさまし」を「慚愧《ざんき》」、「ありがたい」を「歓喜《かんぎ》」と捉え、この慚愧と歓喜の寄せては返す波のような信仰感情を、「あさましいからありがたく、ありがたいからあさましいのだ」として念仏者の宗教経験を解き明かされている。

◆もし、「自覚語」という用語があるならば、「あさましい」も「お恥ずかしい」もその範疇のものであって、時には世間に誤解されるような門徒の慣用句、常套句の類いではけっしてなかった。この二つの言葉は共に、自分の罪業《ざいごう》を自覚するところから出てきた言葉である。

罪業は、「個」を抜きにして自覚できるものではない。人が集団の中に埋没し、世間の価値観で生きているかぎり、自己の罪業はやはり集団の中に解消されてしまうからだ。よく「世間から後ろ指をさされんように」という言葉を聞く。これは、後ろ指さえさされなければ罪はないのである。また、「みんなやっとる（から自分は悪くない）」という抗弁も聞く。これも、みんなですれば罪はないという同質社会特有の意識で、もし罪があるとすれば周りと異なる意見を述べて職場や世間から白眼視されること、それこそが罪なのである。世間の目を善悪の基準としてきた歴史の中では、世間が神なのであった。

罪業の自覚は、個において成立する。「親鸞《しんらん》が一人《いちにん》」（『歎異抄《たんにしょう》』）は、歴史的には「個人」の誕生とも言える。しかし一般では、この「個人」という概念は、明治まで待たねばならなかった。「個人」という言葉は、文明開化と共に西欧から輸入された概念である。しかしそれは法律上のことで、実際に国民に要求されたのは「個人の確立」ではなく、かえってその放棄、すなわち「滅私奉公」であった。

そして第二次大戦後、われわれはようやくにして「個の確立」という課題に直面した。明治においてその課題に苦悩した夏目《なつめ》漱石《そうせき》のような一部の知識人を除けば、民衆にとって個の歴史はやっとこの戦後に始まるのである。「家の宗教から個の自覚の宗教へ」という昭和三十七年（一九六二）の同朋会《どうぼうかい》運動発足の願いは、そういうところから出てきている。しかし、この国の歴史ははたして個を経験しただろうか、と今さらながら自問せざるを得ない。それは、未成熟のまま棄てられた苦《く》胎《たい》ではなかったろうか。「個」は誕生する前に「孤」に分裂拡散して今日に至ったというのが、わたしの偽らざる印象だ。

では、「個人」の輸入元である西欧の場合はどうだろうか。西欧において「群れ」の中から「個」が成立したのは、十二世紀ごろだと言われている。その個の形成にあたって罪の自覚が重要な役割を果たしたのではないか、とある歴史学者が指摘している。切っ掛けとなったのは、そのころ始まった教会における「告解《こっかい》」運動であった。

（罪の）告白の中で人は他人の前で自己を語らなければならなくなった。この自己を語るという行為こそ個人と人格の出発点にあったのである。個人の成立は同時に「世間」の解体であった（阿部謹也著『日本人の歴史意識──「世間」という視角から──』）

と、その歴史学者は述べている。わたしはこれを読んで、これは蓮如《れんにょ》の教団を指す言葉ではないかと疑った。

蓮如は、全国の惣村《そうそん》にお講《こう》を広め、日本史上初の民主主義である同座・談合という形態の中で、「ものを言え、言え」と、民衆が世間語ではなく自分の言葉で自己を語ることを求めた。つまり、村という同質社会に人が「まぎれまわる」(『蓮如上人御一代記聞書《れんにょしょうにんごいちだいききがき》』)ことを許さず、「一人一人《いちにん》の しのぎ」(同上)の中で「一人」の登場、すなわち「個の誕生」を願ったのである。その中から、たとえば赤尾の道宗《どうしゅう》のような、好き嫌いは別として何か憎めない、右顧左眄《うこさべん》のない確かな言葉と顔を持った一つの人格が生み出されてきた。作家の司馬遼太郎《しばりょうたろう》が指摘するように、日本史にこのような顔を持った民衆が登場するのは蓮如からなのだ。

「個人」の登場は、同質思考に慣らされた旧来の村人からは異邦人としてさぞかし煙たがられたことであろう。北陸地方では門徒を揶揄《やゆ》して、

栗の木と
同行《どうぎょう》さんに
万が一つも
真っ直ぐはなし

という言葉が残っている。しかし彼らは、世間の解体ではなく、世間の中に在って世間を超える道

を選んだ。そこに世間と門徒、言い換えるならば集団と個という一つの緊張関係が生まれた。そして、その緊張関係こそが真宗の活きた証《あか》しだったのである。

「あさましい」「お恥ずかしい」について語りながら、話は思わぬ方へ展開した。しかしここで語りたかったことは、これらの言葉が封建社会の旧塵にまみれた門徒の慣用句ではなく、むしろ時代に先駆けた個人の発見をその基底としていたということと、そしてそこから生み出された個が個の中に安住埋没するのではなく、しっかりと世間という一つの社会にはたらきかけていたという事実である。

戦時中に、村人がこぞって駅頭《えきとう》に出征兵士を送り出した。お国のために立派に死ねという歓呼の声に送られる中で、ある門徒のばあちゃんが「手柄立てんでもええ、生きて還ってこい」と、孫の耳元に囁《ささや》いたと聞く。ここにも集団に埋没することのなかった確かな個の存在を見る。

頭でこさえたもんは間にあわん

「頭でこさえたもんは間にあわん」。この言葉は、今でも法語カレンダーなどで見かける。詠《よ》み人の名が一緒に記されているものもあるが、本来は詠み人知らずで、昔の真宗門徒《もんと》に広く膾炙《かいしゃ》されていた言葉だ。

話し相手の失敗談が愚痴《ぐち》に変わり、やがてその愚痴が尽きたころ、それまで黙って愚痴を聞いていた門徒の口からひょこっとこの言葉が漏れる。「頭でこさえたもんは間にあわん」。そう言われた相手が多少なりとも仏法を聞いていれば、その一言に、自分のはからいの愚かさと人間論理の限界を言い当てられたことに気づくだろう。しかし、自力の心にはそうは受け取られない。「間にあわない」と言われたら、今度は間にあうものを探そうとする。それこそ頭上に頭を積む（分別《ふんべつ》の上にまた分別を重ねる）ことだ。「間にあうように、間にあうようにって、仏法を利用しとったら、もう（絶対に）聞こえんと思うですよ」と、仏教者の坂木《さかき》恵定《えじょう》氏も語っておられる。

あたわり

「あたわり」とは、すべて最初から与えられている、またはそなわっているという意味だ。語源は、おそらく「与わる」か「賜わる」だろう。用例としては、「すべてあたわりものや」とか「ちゃんと最初からあたわっておるではないか」という具合に使用されていた。

「与えられたもの」という概念について、十三〜十四世紀のドイツの神秘主義者マイスター・エックハルトは、「あなた自身もあなたの所有物もすべて神から与えられたものだというのに、あなたは今さら何を神に捧げようとしているのか」という趣旨のことを述べている。

「あたわり」もそうである。「ああなったらいいのに、こうなったらいいのに、あれが欲しい、これが欲しい」と煩悶する以前に「わが身はお返しできないほどすでに与えられてここに在るではないか」と、そういううなずきが「あたわり」なのだ。

しかし、だ。このような言葉に触れるにつけ、わたしはこの物質文明の欲望の電車が何と遠くにきてしまったのだろうと、歎息しないではいられない。

イギリスの経済学者シュマッハーは、『Small is Beautiful』（斎藤志郎訳『人間復興の経済』）の中で「あまりにも少ない富しか持たない貧しい社会は存在するが、「止まれ、もう十分だ」という富める社会はどこにあるだろうか」と、問いかけている。

ありのまま

「ありのまま」。この言葉は、「この身このままのお救い」という言葉から派生したものであろう。「安心《あんじん》の境涯とはどんなものか」と問われて、「ありのまま」と真宗門徒《もんと》が答えるのを、これまで何度か耳にした。

しかし、これほど使う人によって印象が異なる言葉もないだろう。このごろテレビなどで、「今のわたしが一番好き」「ありのままのあなたでいい」と言っているのをよく聞くようになった。しかし、「ありのまま」とは、ただ単純に現状そのままでいいという我見《がけん》世界の肯定ではない。一度その我見が打ち砕かれるという自己否定の大関門をくぐってはじめて、「ありのまま」である。

世界には、差別・貧困・戦争などの、そのままではすまされない現実が横たわっている。それが真に嘆かれるのも、「ありのまま」の世界を知ればこそである。

◈晩年の夏目漱石《なつめそうせき》は、「則天去私《そくてんきょし》」(私を去って天にまかせる)の揮毫《きごう》をよくした。一方、明治期に活躍した真宗大谷派の僧侶清沢満之《きよざわまんし》に「天命に安《やす》んじて人事を尽くす」という言葉がある。ここで両者の同異を述べる余裕はないが、共に西欧文明と真摯に向き合った同時代人にしてこの言葉があることを興味深く思う。

満之の「天命に安んじて人事を尽くす」という言葉は、儒教の「人事を尽くして天命を待つ」を言い換えたものである。しかし、それは単なる言葉の入れ替えではなく、そこには「死んだ方がいいかな」と呟《つぶや》かれるほどの苦悩があったことを、弟子の多田鼎《ただかなえ》は伝えている。

幕末の尾張藩士の子として生まれた満之の人生観は、そのころの武士の子弟の多くがそうであったように、「人事を尽くして天命を待つ」というふうの克己邁進、逆風張帆の果てに安心立命《あんしんりつめい》の僥《ぎょう》倖《こう》を期する態のものであったろう。そういう人生観に満之は行き詰まったのだ。そこからこの言葉が生まれている。それは、ありのままならざる世界から、ありのままなる世界への翻身であり、いわばそれまでの満之がそこで死しそこで生まれた前念命終《ぜんねんみょうじゅう》、後念即生《ごねんそくしょう》の一句であったと言えるだろう。

「ありのまま」といっても人間に生存競争があるかぎり、自助努力は認めなければならない。しかし、オランダの政治学者カレル・ヴァン・ウオルフレンは、一九九四年に上梓した『人間を幸福にしない日本というシステム』という本の中で、日本人には幸せになるために越えなければならないハードルの数が多すぎると指摘している。たとえ越えたとしてもそこにゴールが保証されているわけではなく、やはり次のゴールを待つしかないというシステムを、努力論と呼ぶべきか宿命論と呼ぶべきか、わたしは知らない。

このような現代日本の状況にあって、画家の諏訪敦《すわあつし》は「ハードルの向こうにゴールがあるんじゃなくて、生まれてきたこと自体がゴールだ」と述べている。諏訪は、臨終の床に横たわる人間の姿を描き続ける特異な画家である。人生の最期を見つめ続けるという創作過程の中で、この言葉が生まれた。この言葉は、あれもしなければ、これもしなければ人生は完成しないというわれわれの人生観の対極を照らしており、清沢満之の「天命に安んじて」とどこか通底している。

加賀門徒の西山八重子《にしやまやえこ》の言葉にもまた考えさせられる。「私は三十過ぎた時、ある壁にぶつかって仏法の聴聞《ちょうもん》が始まりました。それから五十年ひたすら浄土真宗の教えを聞いてきました。けれども、なんの御利益《ごりやく》もありませんでした。でも、お陰《かげ》さまで楽にうろうろさせてもらっています」と、彼女は言う。この「楽にうろうろ」に、「天命に安んじて」をわたしは見たい。この「うろうろ」にこそ、その人に与えられた、その人にしかできない、天命とも言いつべき「人事」があることを彼女は言外に匂わせているような気がする。

安心をいただく

真宗門徒《もんと》にとっては、「安心《あんじん》」はすなわち「信心」で、「信心をいただく」ことがすなわち「安心をいただく」ことであった。彼らは、まるで禅の公案《こうあん》を抱えた者のごとく、その獲得に呻吟《しんぎん》した。

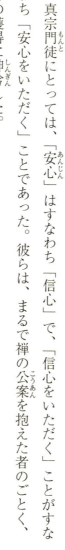

昭和二十三年（一九四八）ごろ、真宗大谷派（東本願寺）の城端別院《じょうはなべついん》（富山県南砺市）で一夏を過ごした民藝運動家の柳宗悦《やなぎむねよし》は、その地で見聞した門徒同士の信心談義を、「それが熱してくるとまるで喧嘩でもしているように聞こえた」と記している。

また、わたしが住む町の隣町である飛騨古川は、幕末期の加賀・越中に端を発した

「三業惑乱《さんごうわくらん》」の洗礼を受けている。これは、蓮如《れんにょ》の「タノム一念《いちねん》」についての領解《りょうげ》の違いをめぐる異安心《いあんじん》論争で、やがて幕府と本山《ほんざん》を巻き込んだ一大騒擾《そうじょう》に発展したが、この事件も元はと言えば、「安心をいただく」という情熱から発生したものである。その後、歴史は明治、大正、昭和を経験するわけだが、過去の苦い経験のためか三業惑乱のような大がかりな信心論争は次第に終息し、平成の今に至る。

しかし、三業惑乱の記憶が門徒の脳裏から消え去っても、「安心」を求める情熱だけは枯葉の下の水脈のように続いていたとみえて、「安心がこわされた」とか「安心がまだいただけない」という会話が交わされるのを、昭和の終わりごろまで何度か耳にした。

それが、平成元年（一九八九）にアメリカからわたしが帰国してみると、「信心に逃げ込むな」「安心に座り込むな」というふうに宗門の論調が一変していて、驚いた覚えがある。

そして現在は、宗門が老成したのか、それとも管理化されたのか、それとも世代が断絶したのか、それとも対話を嫌う最近の風潮のためか、「安心」の言葉が門徒の話題に上ることは極めて稀《まれ》である。

◆「三業惑乱」とは、蓮如の『御文《おふみ》』にしばしば登場する「弥陀《みだ》ヲタノム」の「タノム」という言葉の理解をめぐる論争で、寛政九年（一七九七）から文化三年（一八〇六）に至る十年間、浄土真宗本願寺派（西本願寺）のみならず二十四か国（特に加賀・越中）に及ぶ未曾有《みぞう》の大紛争に発展した異安心論争である。結局、幕府によって裁断され、西本願寺に対して宗門不取締りの責を問うて百日間の閉門を命じ、関係者四十人を投獄、僧籍剝奪、遠島にした。

事の発端は、西本願寺の学者、智洞《ちどう》が蓮如三百回忌の講説において、「タノム」を三業（身《しん》・口《く》・意《い》）のすべてを挙げて如来《にょらい》を「頼む」ことだと主張したことによる。これを「三業帰命説《さんごうきみょうせつ》」と言う。この説は、当時の西本願寺の伝統で宗意安心《しゅういあんじん》の基準とまでなっていた。

これに対して在野の学者で、安芸の大瀛《だいえい》は、「タノム」と「信ずる」は同じことであり、三業そろえて頼むのは自力《じりき》の諸行《しょぎょう》であり他力往生《たりきおうじょう》の本義に反するとして「一念帰命説《いちねんきみょうせつ》」を成した。

この両者の論争がやがて大紛争に発展した事件を、「三業惑乱」と言う。幕府の仲裁で一念帰命説が是認され、一件落着したように見えるものの、その余波は水面下で脈絡を通じて飛騨にも及び「安永の法論」と言われる信心論争に発展している。

生かされている

真宗門徒《もんと》は、「生かされている」とだけ言う。何によって生かされているとは言わない。それは、「仏のお慈悲」によって生かされているということが、その言葉を聞く者に語らずとも伝わったからだろう。

「生かされている」というこの言葉は、最近マスコミにもしばしば登場するが、仏法の教えのないところでこの言葉だけが一人歩きすれば、さまざまな個人的解釈が成り立ってしまう。中には、会社の給料で生かされている、と解釈する人もいる。

ところで、こんな話を聞いたことがある。明治から昭和にかけて活躍した真宗大谷派の僧侶、金子大栄《かねこだいえい》の末期の病床を、ある弟子が見舞った。すると大栄は、見舞い客の言葉には応えず、自分の両足をさすりながら、「今日までほんとうにご苦労さまでした」と語っていたという。これを見舞い客に対するねぎらいの言葉とするか、自分の脚にまでなって自分を生かしめてきた如来大悲《にょらいだいひ》への感謝の独白と聞くか。大栄の朋友、曽我量深《そがりょうじん》の「如来我《にょらいわれ》になりて」の言葉が憶《おも》われる。

また、二十年ほど前に、こんな詩を見かけたことがある。

道を歩いていて
ふと気がつくと
両足が大地をふみしめて歩いている
右……左……
右……左……
不思議だなあ……ごめん……ごめん……（作者不詳、小学二年生）

ここにも、脚にまでなってはたらいている「不思議」がある。足もとに発見した不思議。それを当たり前にしていた自分。それに、「ごめん……ごめん……」と。

わたしはその「ごめん……ごめん……」から、「生かされている」人生が始まるのだと思い、さっそくにその詩をメモに残した。

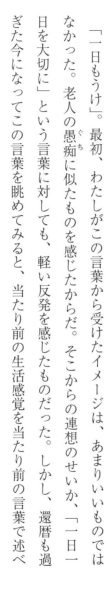

一日もうけ

「一日もうけ」。最初、わたしがこの言葉から受けたイメージは、あまりいいものではなかった。老人の愚痴《ぐち》に似たものを感じたからだ。そこからの連想のせいか、「一日一日を大切に」という言葉に対しても、軽い反発を感じたものだった。しかし、還暦も過ぎた今になってこの言葉を眺めてみると、当たり前の生活感覚を当たり前の言葉で述べたように素直に受け止めることができる。

映画監督に小津安二郎《おづやすじろう》がいる。戦前戦後に活躍した監督で、アメリカでは黒澤明《くろさわあきら》よりも根強い人気があった。子どものころ、彼が撮った映画を見に両親に映画館へ連れて行かれたことがあるが、まことに退屈な映画だった。外国映画のような派手なストーリー展開がほとんど感じられないのだ。高校生になってからも彼の映画を何度か見たが、やはりどの作品も似たり寄ったりの内容で、どのシーンもどこにでもあるような日常風景とありきたりな会話で構成されていた。

やがて大人になったわたしは、ある日、彼の映像の端にいつも煙突が登場していることに気づく。そして、それが火葬場の煙突をイメージしたものであることを知って、天地がひっくり返るほどの衝撃を受けた。その時から、わたしの眼には、あれほど退屈に見えた彼の作品の一コマ一コマが、一瞬一瞬の限りあるいのちの時間を捉えたものとして、鮮やかに輝き始めたのである。

「やがて死すべき者の、今いのちあるは、ありがたし」(法句経)という釈尊《しゃくそん》の言葉が憶《おも》われた。もし、「一日もうけ」とか「一日一日を大切に」という言葉がそういうところから発せられていたとしたら、その言葉を聞くたびに「またか」とわたしにため息をつかれた門徒《もんと》さんには今さらながら申し訳ないことをした気がする。

いなだく

お斎《とき》の席についた老人が、孫娘の箸に手を添えながら、「ナ、いなだいて、いただけよ」と語りかけていた。その柔らかな声の響きと共にこの言葉を思い起こす。

「いなだく」は、「いただく」の古語である。この老人の言葉は、その「いなだく」を再度「いただく」と言う、日本語としては不思議な用法だ。

田畑で採れた初ものは、まずお内仏《ないぶつ》にお供えする。お内仏に置くことによって、初ものの所有権は仏法領《ぶっぽうりょう》に移る。そのお内仏から「いなだいて」お下げしたものを、自分が「いただいて」食するわけだから、「いなだいて、いただけよ」という二重表現となるのだろう。

老人は、そう声をかけながら、箸を持った孫娘の小さな手を合掌のかたちに包んだ。

わたしはそこに、精神と物質の不思議な感応道交《かんのうどうこう》の中に生活していた真宗門徒《もんと》の嗜《たしな》みを見る。「美しい日本」とはこのことであったろうか。

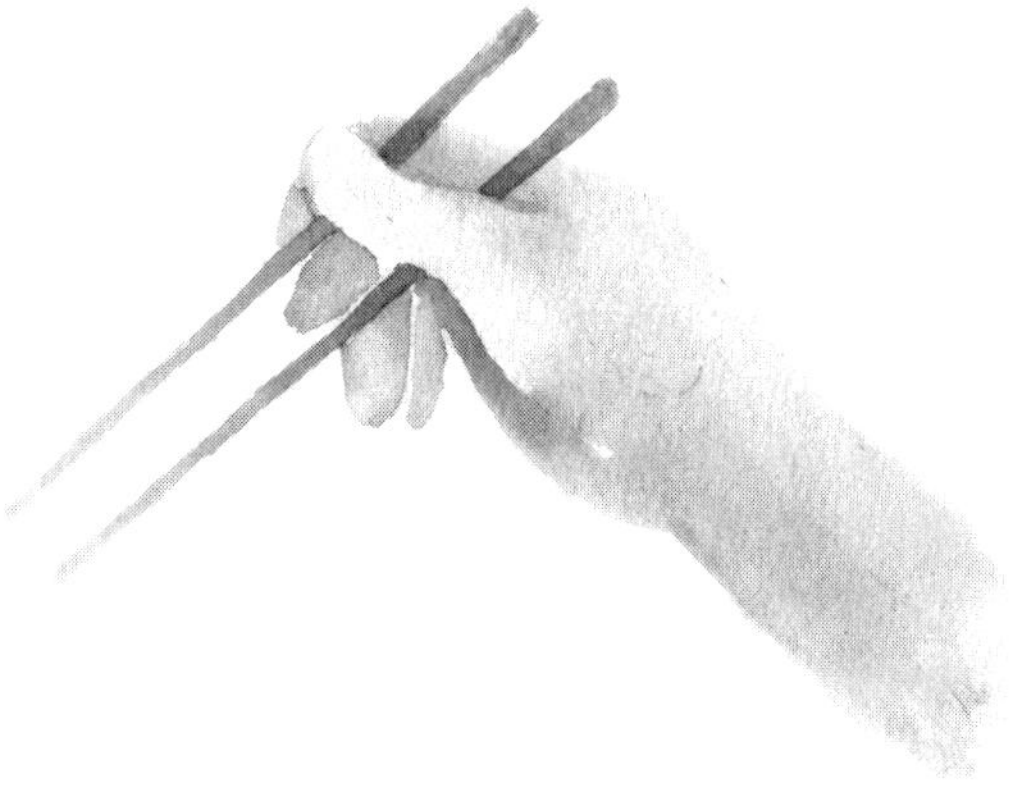

縁借

たとえば、A寺の都合が悪く、その寺の門徒《もんと》の葬儀を、別のB寺が執《と》り行ったとする。すると、その門徒とB寺との間に、お付き合い程度の関係が生まれる。これを「縁借《えんかり》」と言った。この場合、その門徒の所属先となる手次寺《てつぎでら》は、あくまでA寺であることに変わりはない。

それに対して、門徒ではあるのだが、特定の所属寺院を持たないで葬儀のたびに寺から寺を転々と移り変わる門徒を、「渡り門徒」と呼んだ。

◆「渡り門徒」とはルーツが違うが、「ワタリ」という移動する民が日本史に存在したことを、歴史家の網野《あみの》善彦《よしひこ》が指摘している。「ワタリ」とは、河川や海の要所に開けた「渡り」、すなわち「湊《みなと》」を指す言葉で、やがてそこを生活の拠点として物と人との流通に関わっていた人々を総称するようになった。歴史学者の井上鋭夫《いのうえとしお》は、著書『本願寺』の中で早くからこの「ワタリ」と初期真宗教団との関わりを指摘している。

お陰さま

真宗門徒《もんと》が使用する言葉の中で、最も発せられる頻度が高いのが、「お陰《かげ》さま」ではないだろうか。

辞書によるとこの言葉は、室町時代には神仏の加護を指したものであったが、江戸時代になって「〇〇のお陰でこんな目に遭った」とか「〇〇のお陰で出世した」というように、神仏のみならず事件の原因となった人や物までを含めるようになったようだ。現代人も、これとほぼ同じ感覚でこの言葉を使用している。

しかし、真宗門徒が口にする「お陰さま」の中には、「〇〇のお陰でこうなった」といった、「お陰」の原因や対象を限定するような表現は極めて少ない。たとえば、門徒に「好い天気ですね」と挨拶すれば「お陰さまで」と答え、歳を聞けば「お陰さまで八十になりました」と答える。その時、「「お陰」の原因は天気ですか」「長寿の原因は健康法ですか」と相手に問いただせばきっと怪訝《けげん》な顔をされるだろう。門徒にとって、天気が先か「お陰」が先かとなれば、どうやら「お陰」が先で天気は「お陰」を感じる機縁に過ぎないような気がする。そのような人の前で、「〇〇のお陰でこうなった」というように「お陰」の原因をあげつらう人は、かえって「お陰」を知らざる者として疎《うと》まれるのではないだろうか。

「お陰」の原因や対象を限定すれば、かえって「お陰」が含蓄する広い世界を毀損《きそん》することになるのである。「おかげ」の「かげ」は「陰」と書くが、その「陰」に光が当たれば、自分の勝手な限定や思いを超えて、気づきもしなかったさまざまな関係性の世界がそこに広がっていることが見えてくる。そのような中にこそ、

「生かされて生きている」（中村久子）

「今日モアリ　オオケナクモ（かたじけなくも）」（柳宗悦）

という広い天地がある。

そのため、世間で言われる「お陰」には僥倖《ぎょうこう》や怨嗟《えんさ》が含まれていても、門徒の「お陰さま」にはそれがない。あるのは微《かす》かな痛みだ。それは、照らされつつ視界を広げる「陰」の中に、近くは事業に失敗して家族離散を余儀なくされた隣人や、遠くは津波で苦しむ東北の人たちが無意識のうちに憶念《おくねん》されてくるからであろう。そういう多くの「お陰」や犠牲の上に成り立っている「今日の「お陰」」を、自分の思いだけではたして限定することができるだろうか。

その無限定の「お陰」を、「お陰さま」と真宗門徒はいただいてきた。

◆「伊勢のおかげまいり」のような言葉もあるが、これは幕末の混乱の中で勃発した一過性の躁現象であり、ここで言う「お陰」とは別のものである。

お手次さま

真宗門徒《もんと》は、自分の所属寺院を「檀那寺《だんなでら》」とも「菩提寺《ぼだいじ》」とも呼ばずに、「お手次《てつぎ》さま」「手次寺《てつぎでら》」または簡略に「手次」と呼んだ。この言葉の使い方に微妙なニュアンスの差があり、門徒が自分の所属寺院を訊ねられて「○○寺がわたしの手次や」というふうに敬称抜きで答えた場合には、その門徒の前でその寺についての軽口をたたくことも多少は許されるが、その門徒が「○○寺がわたしのお手次さまです」というふうに敬称をつけて答えた場合は、その寺の門徒であることを誇る思いが直ちにこちらに伝わってくるので、その門徒の前で彼の所属寺院の批判は一瞬で禁句となるという暗黙の了承があった。

この言葉の由来ははっきりしないが、蓮如《れんにょ》の『御文《おふみ》』にすでに「手次」の言葉が見えている。何人かの住職に聞いたところ、現代この言葉には、①同行《どうぎょう》と共に歩む（手をつなぐ）、②本廟《ほんびょう》へのお取次ぎ、などの解釈があり、歴史的解釈としては、③来迎仏《らいごうぶつ》に引《いん》接《じょう》する（手を引く）というものもあった。

「来迎仏に引接する」とは、臨終に際して浄土からお迎えに来た来迎仏に引導師《いんどうし》が衆《しゅ》生《じょう》を引き渡すことである。しかし覚如《かくにょ》の『報恩講私記《ほうおんこうしき》』に「最初引接の利益《りやく》を垂《た》れたまえ」、同じく覚如の『口伝鈔《くでんしょう》』に「凡夫《ぼんぶ》引接の無縁の慈悲」という言葉があるように、「引接」とは如来《にょらい》の救いである「摂取《せっしゅ》」を意味しており、引導師が衆生を来迎仏に引き渡すことではもちろんない。

寺同士でもこの言葉が使用される。A寺とB寺が伝統的に互いの寺の住職の葬儀を執《と》り行う場合、相手の寺を互いに「手次」と呼び合う。また、地域によっては、「手次」の他に互いの寺を「相焼香《あいじょうこ》」と呼び合うこともある。「相焼香」とは読んで字のごとく互いの住職が相手の住職の葬儀に際して焼香を行うという意味である。

お手廻し

「お手廻《てまわ》し」。この言葉は「如来《にょらい》のお救い」を意味するものだが、「ご催促《さいそく》」という言葉と同じ文脈で登場することが多かった。

「ご催促」を受けて大切なことに気づいてみれば、その大切なことはかねてより何度も何度も聞かされていたことであった。今日の自分を、仏はかねてより見そなわして、今日のわたしのためにその教えをすでにご用意してあったのだ……という深いうなずきが、「お手廻し」であった。

これについて、ここに一編の詩があるので紹介したい。南北戦争に従軍して敗れた一人の無名戦士の詩である。

大きなことを成し遂げるために
力を与えてほしいと神に求めたのに
謙譲を学ぶようにと拙《つたな》さを授かった

偉大なことができるように
健康を求めたのに
よりよきことをするようにと
病気を賜った

幸せになろうとして富を求めたのに
賢明であるようにと

貧困を授かった

世の人々の賞賛を得ようとして
成功を求めたのに
傲慢にならないようにと
失敗を授かった

求めたものは一つとして
与えられなかったが
願いはすべて聞き届けられた

この不遇の無名戦士は、間違いなく「ご催促」に出遇い、「願いはすべて聞き届けられた」という最後の一句に「お手廻し」された人生をいただき直している。敗戦の後、

南軍の兵士は差別と貧困の中で悲惨な人生を送ったと聞く。不運な事件の連続で愚痴《ぐち》の人生に終わったかもしれない彼の人生が、それを「ご催促」と捉えることによって、黄金色の麦畑のように輝いているではないか。

◆この詩は、約一五〇年前に、アメリカの南北戦争で負傷した南軍の兵士がニューヨーク州立大学病院の病室の壁に記したものと言われている。作者不詳。

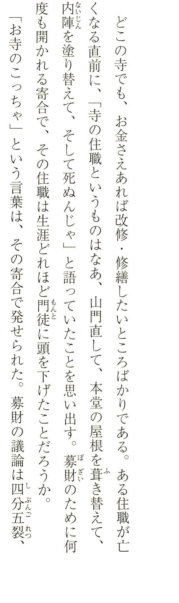

お寺のこっちゃ

どこの寺でも、お金さえあれば改修・修繕したいところばかりである。ある住職が亡くなる直前に、「寺の住職というものはなあ、山門直して、本堂の屋根を葺《ふ》き替えて、内陣《ないじん》を塗り替えて、そして死ぬんじゃ」と語っていたことを思い出す。募財《ぼざい》のために何度も開かれる寄合で、その住職は生涯どれほど門徒《もんと》に頭を下げたことだろうか。

「お寺のこっちゃ」という言葉は、その寄合で発せられた。募財の議論は四分五裂《しぶんごれつ》、百論出尽くして座が白けた沈黙に包まれ始めた頃合いに、門徒の誰某が「お寺のこっちゃ」と低い声で呟《つぶや》く。その一言で一座の空気は見る見る好転し、やがて全員賛成、メデタシメデタシとなる。そういう光景を、わたしは何度も目撃してきた。

募財の議論時に限らず、今はこういう一言門徒《いちげん》がなかなか見当たらない。「親の法事を勤めんようなもんはなア……」と、親戚のドラ息子をたしなめる。延命祈願の祈禱を行っている隣家に乗り込み、「生まれたもんは必ず死ぬ」などと言う。葬儀では、「『今ごろ天国で……』などと寝ぼけたこと言うなよ」と、喪主の挨拶にアドバイスを入れる。法事に呼ばれれば、そこの家の子どもが臨席していないことを目敏《めざと》く見つけ、「ここの家の子どもたちはどうした」と大袈裟にキョロキョロする。村人から煙たがられ、しかし誰からも愛されていた、そういう門徒がわたしは懐かしい。

お斎の席につく

報恩講《ほうおんこう》のお斎《とき》を「ご相伴《しょうばん》にあずかる」のであるから、「お斎の席につく」と言う。「お斎を食べる」とは、わたしは最近まで聞いたことがなかった。それを「食べる」と言い始めたころから、「わしゃ、さっき食事を済ませてきたから、お斎はいらん」などと、お斎と食事を混同する人が出てきた。

報恩講のお斎は、持ち寄られた食材で作った食事をみなで食べながら、親鸞聖人《しんらんしょうにん》を偲《しの》び、いのちを共にしたことに由来していると言われている。たとえ箸はつけずとも、きちんとお斎の席につくことが真宗門徒《もんと》の嗜《たしな》みであった。

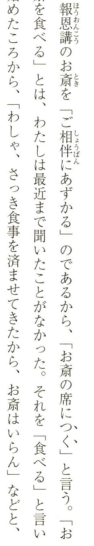

お内仏

家庭における本尊《ほんぞん》安置の場を「仏壇」と呼ぶか「お内仏《ないぶつ》」と呼ぶかについては地方によってまちまちだが、やはり浄土真宗が仏壇を「お内仏」と呼んできた歴史は大切にしなければならない。「仏壇」は買えても、「お内仏」は買えないからだ。「仏壇」は商品名。「お内仏」は内観《ないかん》の場」という言葉もある。「内観」とは、お内仏を前にして自己の内面が照らし出されるという意味である。家族全員が「真実明《しんじつみょう》に帰命《きみょう》する場」としてはじめて、「お内仏」と呼べるのだろう。そうすると、「お内仏」はお浄土からの出店とも言える。

今は各家庭にそれ相応の仏壇が安置されているが、それ以前の庶民の仏壇は塗りも造りも簡略なものだった。「床の間のある家を建てて、旦那衆のような立派な仏壇を入れるのが夢やった」と、村の老人から聞いたこともある。明治・大正は相対的に土地の値段が安い時代で、ちょっとした仏壇を買うために先祖伝来の田畑を何枚も手放したなどという話はザラにある。

今はそこまでして仏壇を買う人がいるのだろうか。この間、知り合いの門徒《もんと》が、九十歳近い母親のために高価な仏壇を買い替えた。「高かったんやぞ」と息子が言うと、母親は「お前の外車より安いじゃろ」と返したという。

ところで、わたしは昭和二十四年（一九四九）生まれだが、子どものころにミカン箱を仏壇代わりに使っていた家を何軒か見た覚えがある。箱の中には、ご丁寧に工作用の金紙が貼ってあった。そこでいろいろ調べてみたところ、かつて、本尊を本山《ほんざん》から下付《かふ》してもらうのに手元不如意な者は本尊を手造りしたそうだ。

わたしはその手造りされた本尊を「飛騨の手むづり本尊」と名付け、現在四体ほど譲り受けて手もとに置いている。それを手にとって眺めていると、「憶念《おくねん》帰命の一念《いちねん》おこれば、身業礼拝《しんごうらいはい》のために、渇仰《かつごう》のあまり瞻仰《せんごう》のために、絵像《えぞう》木像《もくぞう》の本尊をあるいは彫刻しあるいは画図《がと》す」(『改邪鈔《がいじゃしょう》』)という覚如《かくにょ》の言葉が浮かぶ。これによると、絵像・木像が先ではなく、憶念帰命の心がまずあり、渇仰のあまり絵像・木像を求めていたことになる。こうなると、やはりお内仏は帰命の心が相(かたち)になったものとしていよいよ尊い。

おはからいにおまかせする

人間の作意ある思いと行為を、「はからい」と言う。これに対して、自分の思いのすべてを弥陀《みだ》大悲《だいひ》の力におまかせして行為することを、「おはからいにおまかせする」と言う。

人間のはからいとは分別《ふんべつ》のことで、すなわち、善悪、損得、自他、生死《しょうじ》など、ものごとを二つに分けて理解する人間の知恵のことである。しかし、この分別され二分されたものが同時に対立相克して、人間の苦しみ、葛藤、矛盾を生み出している。そして分別から生み出されたものは、二本のレールのようにけっして交わることはない。

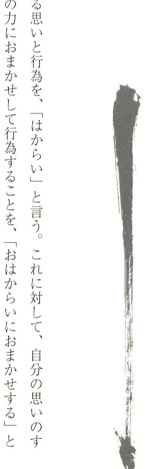

人生は行き詰まるようにできているのだ。そして、右にも行けず、左にも行けなくなった袋小路の突き当たりで、ふっと声なき声を聞く。それが、「自分のはからいを棄てよ」という如来《にょらい》の呼びかけである。

◆「長い幼年期を持った人はすでに人生の宝物を得たようなものだ」という、西欧の格言がある。長い幼年期とは、善悪の別や自他の別がまだ生じていない無分別の自由な天地を指すのだろう。しかし、現代の子どもたちは急《せ》かされて大人にならされていく。大人になるということは、すなわち分別を身につけるということで、しかも現代は即判断、即選択という分別能力がいよいよ要請され、少年はやがて小利口な大人にならされていく。だから、老成した若者は「生きるまでもない」と嘆息し、老人は「こんなもんや」と人生に退屈する。それは、自分の分別の物差しだけで「世界を見てしまった」かのように、どこかで諦観してしまうからに違いない。今、ここに挙げた「おはからいにおまかせする」とは、そういう分別で捏造された世界に射し込む「無分別智《むふんべっち》の光」に他ならない。

お恥ずかしい

「お恥ずかしい」。これも最近では聞かれなくなった言葉だ。一つの言葉の衰退はそれに纏わる一つの感性の衰退であることを考えると、これは由々しき問題である。

「恥」には外に向けられたものと内に向けられたものがあるが、今、インターネットなどのメディアに氾濫している恥の概念は、他者に対する批判、侮蔑の言葉としてのみ使用されている。稀《まれ》に非難する側が恥じる場合があっても、それはおおむね世間や世界に対して恥ずかしいという類いのもので、やはり外に向けられた恥辱感覚だ。

一般に恥辱感覚が生ずるには相手を必要とする。早い話、誰も見ていなければ恥ずかしくはないのである。しかしここで言う「お恥ずかしい」は、内なるものを顧みて吐露された言葉である。「ひとり居て、恥ずかしい」と感じる心根で、それは自己を超えて自己を見そなわす「絶対者の眼《まなこ》」を抜きにしては考えられない。如来《にょらい》の眼に照らされてはじめて見えてきた自己の罪業《ざいごう》、その発見の驚きが、「お恥ずかしい」であった。

如来によって知らしめられた事実であるがゆえに、「恥ずかしい」に「お」を冠して、「お恥ずかしい」と、真宗門徒《もんと》にいただかれてきた。

おまかせ

「何事もおまかせじゃ」というふうに、かつての真宗門徒《もんと》は事あるごとにこの言葉を口にした。長いこころの葛藤の果てに吐露されてくる言葉で、それを耳にするたびにこちらの「はからい」のこころがあぶり出されてくるような深い味わいを持った言葉であった。しかし戦後、宗門の戦争協力への反省や、一世を風靡したサルトルやハイデッガーの主体的実存哲学の影響もあって、この言葉の持つ非主体的側面のみが批判的に捉えられるようになった。ちょうどそのころから、この言葉を口にする人が少なくなったような気がする。

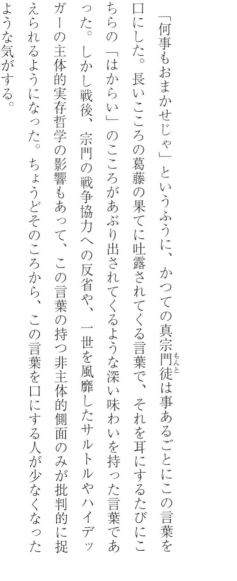

「おまかせ」とは、「本願力《ほんがんりき》に乗《じょう》ずる」という翻身の機微を表わす素朴な門徒的表現である。それは「他人まかせ」にすることでも「世の中の流れまかせ」にすることでもなく、身を投げ出して「如来《にょらい》におまかせ」することを意味した。

これと似た言葉を西欧に尋ねるならば、アッシジのセント・フランチェスコの「神の御心《みこころ》のままに」が一番近いように思われる。十二世紀のイタリアに生まれたこの聖人は「神と裸で抱き合う」という直截素朴な信仰に目覚め、ある日を境に一切を神の御心にゆだねた。

そのアッシジの生き様を鈴木《すずき》大拙《だいせつ》師は、ちょうど湖水の小舟に身をゆだねて舟の行くがままにまかせることだ、と講演のどこかで述べられている。現代の価値観からすればこれほど非主体的生き様はないように見えるかもしれない。しかしその非主体性の中にこそほんとうの主体がある、と大拙師は主張される。

世を挙げて「人にたよるな」「自分だけを信じよ」「頑張れ」という現代文明の中で、この「おまかせ思想」は風前の灯である。しかし、その希少さのゆえにこそかえって人

類を救うべきアンチテーゼを提供しているようにわたしは思う。崩壊した教会の石を一人で黙々と運び、一切の自然を尊敬の念で受け入れたアッシジは、参詣者のない時は小鳥を相手に法を説いたと言われる。彼のような生き様は西欧の個人主義からすればまことに異質なナンセンスであろう。しかしアッシジは今、ヨーロッパにおけるエコロジーの祖として再評価されている。「非主体の主体」の勁《つよ》さを歴史が証明しているとは言えないだろうか。

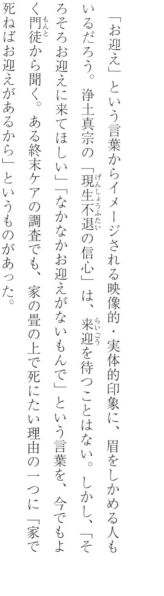

お迎え

「お迎え」という言葉からイメージされる映像的・実体的印象に、眉をしかめる人もいるだろう。浄土真宗の「現生不退《げんしょうふたい》の信心」は、来迎《らいごう》を待つことはない。しかし、「そろそろお迎えに来てほしい」「なかなかお迎えがないもんで」という言葉を、今でもよく門徒《もんと》から聞く。ある終末ケアの調査でも、家の畳の上で死にたい理由の一つに「家で死ねばお迎えがあるから」というものがあった。

　言葉というものは、それに対応する感情なり思いが喪われた時に、形骸化し死語化し死滅する。してみると、この「お迎え」という言葉が今日まで死なずに生きてきたのは、それに対応する感情なり思いが人間のどこか深いところに確かに継続してきたものと考えることもできる。

「お迎え」はまた、「帰りたい」に対応してもいる。アルツハイマー病の場合、そこに共通した症状は「帰りたい」という願望である。どこかに帰りたい、しかしその帰るべき場所が見つからない。それが徘徊という行為になり、一年間に一万七千人の行方不明者が出ていると言われている。家の記憶は喪われても、帰りたいという欲求だけは最後まで残るのだ。脳細胞が欠損し記憶が喪われる中で、なお最後に残る帰巣本能とは、一体何だろうと考えざるを得ない。われわれは一体どこから来てどこに帰るのか……。

「わたしたちはみな召されているからではありませんか」（金子大栄）

「わたしたちはみな親鸞聖人《しんらんしょうにん》に待たれているのでありませんか」（廣瀬杲）

「ただ念仏して還りたい」（鈴木章子）

とわたしは聞いた。

気づかせてもらった

真宗門徒《もんと》は何かに気がついた場合、「気づいた」とは言わずに「気づかせてもらった」と言う。「わかった」という場合もそれと同じく、「わからせてもらった」と言う。

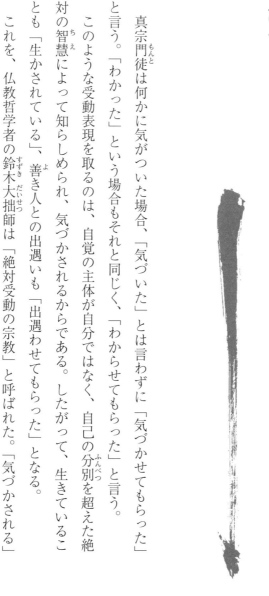

このような受動表現を取るのは、自覚の主体が自分ではなく、自己の分別《ふんべつ》を超えた絶対の智慧《ちえ》によって知らしめられ、気づかされるからである。したがって、生きていることも「生かされている」、善《よ》き人との出遇いも「出遇わせてもらった」となる。

これを、仏教哲学者の鈴木大拙《すずきだいせつ》師は「絶対受動の宗教」と呼ばれた。「気づかされる」という自覚は、他覚である。自覚の言葉はどこまで行っても人間の分別臭がつきまとうが、他覚という言葉にはそれがない。それは、ふっと外から気づかされる。仏教に造詣の深かった数学者の岡潔《おかきよし》も、「おやっと思うのも決して自分からではないのである」と述懐している。

今日は肝心なところを聞かせてもろた

「門徒《もんと》さんから聞く言葉を探しているのだが」と、北海道の法友に訊ねたところ、「今日は肝心なところを聞かせてもろた」という言葉が出てきた。

その言葉はわたしにも心当たりがある。最近聞くのは「いい話を聞いた」「ためになる話を聞いた」「心が洗われた」というふうな言葉ばかりで、「今日は肝心なところを聞かせてもらった」とはめったに聞かれなくなった。

「問い」のないところで聞く法話は、講演と変わらない。念仏の代わりに拍手が返ってくるのも、むべなるかなである。法は耳ではなく問いが聞かせるのだ。清沢満之《きよざわまんし》の母君は、息子の満之に「紙一重が破れない」とすがったと聞く。それを質問と言うべきだろうか。質問は答えを得ればすぐ忘れるが、問いは聞けば聞くほど深まってくるからだ。問いの深化が問いの答えなのだ。

法話を聞いてもすぐ忘れるという人がいる。しかし、聞いた法話は忘れることはあっても、自分の問いは忘れられるものではない。だから、降るにも照るにも聞法《もんぽう》の場に足を運ぶことになる。出かけるのは自分ではない。問いが、自分の背中を聞法の座に押し出すのだ。

「今日は肝心なところを聞かせてもろた」という言葉は、そういうところから出てきている。今日こそ、今日こその問いかけが、聞き難き法に出遇った一瞬の言葉ではなかったろうか。

◆現代は「問い」の持ちにくい時代である。文芸評論家の亀井《かめい》勝一郎《かついちろう》が、「もし自分が入社試験の面接官だとしたら、「あなたは今までに自己に絶望したことがありますか」と質問して、「ありません」という人をわたしは採用しない」と述べている。そこには、自己に絶望したことがない人は自分の人生を真に問うたことがないからだ、という哲学がある。現代の面接官ならば、「ない」と答える人を健康人とみなして、迷わず採用するだろう。亀井勝一郎が活躍した戦前戦後の一時期と平成の価値観は、それほどまでに違っている。

学問という言葉は問いを学ぶことだ、と言われた時代を遠く過ぎて、今、求められているのは情報である。劇作家の山崎正和《やまざきまさかず》は「即反応、即断定、二者択一。そうした性向を持った多数の人々が、時々の「空気」を読んで行動したら、その集積は巨大な変化を生むでしょう。私はそれを「世論形成の液状化現象」と呼んでいます」と述べている。このような情報の海の中で、現代人は大切な問題をゆっくり考える時間をなくしてしまった。

現代人は、すぐ答えの出ないような問題を担い続けるだけの知的体力を喪失してしまっているのだ。「真宗の危機」とは、まさにここにあると思うのだが、どうだろう。

業なこっちゃ

他人の不幸を見聞した折に、時にはもらい泣きの中で、「業《ごう》なこっちゃ」という言葉が門徒《もんと》の口から発せられた。

それは事件の被害者に向けられたものか、加害者に向けられたものか。この言葉に引き続いて、「あれも人の子や」「あれも人の親や」という同悲の言葉が続く。一つの事件の原因を自己責任の一言で切って捨てることのない、「さるべき業縁《ごうえん》のもよおせば、いかなるふるまいもすべし」（『歎異抄《たんにしょう》』）という因縁生《いんねんしょう》の人間観がそこにある。

あるお寺の掲示板に、

善《よ》い事をしようと思えば出来る
悪い事をすまいと思えば止められる
これを思いあがりという

とあったのを思い出す。

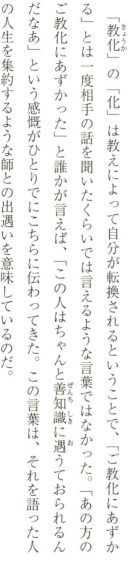

ご教化にあずかる

「教化《きょうか》」の「化」は教えによって自分が転換されるということで、「ご教化にあずかる」とは一度相手の話を聞いたくらいでは言えるような言葉ではなかった。「あの方のご教化にあずかった」と誰かが言えば、「この人はちゃんと善知識《ぜんちしき》に遇《お》うておられるんだなあ」という感慨がひとりでにこちらに伝わってきた。この言葉は、それを語った人の人生を集約するような師との出遇いを意味しているのだ。

「善知識」と聞くと、やさしく法を説いて自分を導いてくださる先生を想像するかもしれない。しかしそう見えるのは実は最初だけで、実際はその逆である。この世の価値観にどっぷり浸かり込んで、たかをくくっている者（これは最初はそう自覚できないのだが）にとって、善知識とはまことに都合の悪い人であった。こちらが答えを求めているのに、問いをもってそれに応える。無用心に近づけば火傷《やけど》する。用心して向かえば叱られる。そんなやりとりの長い年月の中で、やがて自分が「屏風《びょうぶ》の向こうも明日の天気もわからん者《もん》」であったことに深くうなずく時が訪れる。そして、師は最後にぽつりと言う。「やっとで自分がわかったか」と。

このような一対一のいのちのやりとりを、昔は「ご示談《じだん》」と言った。「ご示談」は、説教と並んで真宗教化の大切な手だての一つであったが、昭和三十七年（一九六二）に宗門改革の信仰運動である「同朋会運動《どうぼうかい》」が発足して三年ほど経ったころ、全国的に消滅した。それは、そのころ善知識の真似事をして門徒《もんと》を教化しようとする悪弊が、一部に生じたためであった。また、門徒の方でも、自分の善知識以外の話には耳も傾けないという「善知識だのみ」の弊害が生じたためであった。今で言えば、ファンクラブであろうか。こういった弊害は、蓮如《れんにょ》以来の課題である。

しかし、それで善知識と呼べるような人が消滅したかというと、けっしてそうではない。善知識とは自分の問いが見出すものだからだ。そして、問いのあるところ必ず善《よ》き人との出遇いがある。師との出遇いは何にも代え難い慶びであるが、善き師とはわれわれがそこにとどまって一件落着することを許さない。

「善知識とは、生涯を通じて自分を叱ってくれる人であり、そしてその人との出遇いである」という言葉もある。

ご催促にあう

人生は、不急の事を急いで茫々地《ぼうぼうじ》のうちに空過していく。その日常を根底から揺り動かす出来事を「ご催促《さいそく》」と呼び、ご催促との遭遇を、「ご催促《さいそく》にあう」と呼んだ。

大きな手術を終えて無事退院したある門徒《もんと》の口から、「ご院主《いんじゅ》さん、今回は厳しいご催促やった」という言葉が漏れた。また、「この間、幼馴染みが亡くなって……お前もうかうかしとらんと法を聞けよと言われておるようで、これもご催促ですなア」というふうにも述懐していた。

人は、生まれたかぎり生老病死という四つの苦しみに遭遇しない者はいない。それらとの遭遇が、単なる出来事に終わらず、人生への「問いかけ」として受け止められてきたことを、この言葉は示している。

やりくりの問題が生死《しょうじ》の問題に転じる機縁、これが「ご催促」であった。

後生の一大事

真宗門徒《もんと》の「安心《あんじん》」を求めようとする背景には、「後生《ごしょう》の一大事」という課題があった。（ここで言う「安心」とは、一般的な軽いイメージの「安心《あんしん》」とは違い、「あんじん」と読み、恐怖や不安から解放され心安んじて生きていける境地のことを意味する。また、「信心」そのものを意味する場合もある。）

今日、「後生」とは何かという問題が論じられることもあるが、蓮如《れんにょ》の『御《お》文《ふみ》』に「たれの人もはやく後生の一大事を心にかけて」とあるように、それは死後の後生を指すものとしてではなく、現在の自分の有り様を照破《しょうは》する看脚下《かんきゃっか》の一句として真宗門徒に広く憶念《おくねん》されてきた。

諦《あきら》めの人生観が大勢を占める社会の中で、「後生の一大事」という人生の課題に目覚めた人々は、他宗の目にはさぞかし異質に映ったことだろう。彼らはそういう真宗門徒を、「後生願い」「ゴッショネガイ」と、多少侮蔑的に呼んだと聞く。

◆死期を悟った晩年の蓮如は、「当年より、いよいよ、信心なきひとには、御あいあるまじき」（『蓮《れん》如上人御一代記聞書《にょしょうにんごいちだいききがき》』）と言い残して京都の山科を発つ。やがて大坂に向かった蓮如は、明応七年（一四九八）の旧暦の五月から七月にかけて、その地で最期の安居《あんご》を開筵《かいえん》する。それが、『夏御文《げのごぶん》』と言われるものである。これは本来講義録だと思われるが、後に第三者の手によって各文章の末尾ごとに「あなかしこ」という言葉が付け加えられ、『御文』の体裁に改編されたものだとわたしは考えている。

その安居の冒頭に、蓮如は「それ、安心《あんじん》と申すは、もろもろの雑行《ぞうぎょう》をすてて、一心に、弥陀如来《みだにょらい》をたのみ、今度の我等が後生たすけたまえと申すをこそ、安心を決定《けつじょう》したる行者《ぎょうじゃ》とは申し候うなれ」と、安居開筵の眼目を述べている。そして蓮如は、「いくたび申しても、ただおなじ体《てい》に御きなし候いて」いる聴衆に対して、「他力《たりき》の信心をとらしめんがため」繰り返し繰り返し信心決定《けつじょう》を迫る。しかも、その夏が過ぎるまでにである。蓮如は言う。「安心をとられ候わんにつけても、なにのわずらいか御わたり候わんや」「なにまでも入《い》り候うまじく候う」と。安居も終わりに近付き、やがて口数の少なくなった蓮如は、「今《いま》三十日の内のことにて候う」「すでに夏中と申すも、今日明日ばかりのことにて候う」「はや明日までのことにて候う」と信心決定を迫りつつ、明応七年の生涯最期の安居を閉じている。

このような『夏御文』の息もつかせぬような流れを辿ると、蓮如にとっての「後生の一大事」とは、仮の期限を設定してまでも自覚しなければならない「今生《こんじょう》の一大事」であったことが明らかに知れる。

ご相伴にあずかる

障子の隙間から粉雪が舞い込む。暖房とて、部屋には火鉢があるばかり。これが、小学生のわたしが見た、昭和三十年（一九五五）ごろの報恩講《ほうおんこう》風景だ。報恩講のお斎《とき》の席についたお参り衆は、大根やこんにゃくの煮付け、芋のゴマ和えと小さな林檎などの載った膳を嬉しそうに眺めながら、汁とご飯だけをいただく。

なぜ「膳を眺めながら」なのかというと、料理にはほとんど箸をつけず、みな家に持ち帰るからだ。膳の料理を持ち帰り用の朴葉《ほおのは》の上に丁寧に移し、それを一本の藁で器用に包みながら、お参り衆が口々に言う言葉が「家で待っとる子どもたちにも、ご相伴《しょうばん》にあずからせんとな」であった。

今、わたしの寺の門徒《もんと》総代衆の平均年齢は七十歳だろうか。総代になることを、みなさん快く引き受けてくださった。聞けば、おばあちゃんが持って帰るお斎を心待ちにして、「ご相伴にあずかった」かつての子どもたちばかりである。

さずかる

孫を「さずかった」と、老婆が言う。どこからさずかった、などという野暮な詮索はしない。授かった先のいのちの世界が、しっかりと見えていた時代の言葉だった。

親がその大切な子どもに手をあげたとする。すると、「子どもはさずかりもんやぞ」と、老婆のおさとしが入る。その老婆にとって「さずかった」いのちは、同時に「預かった」いのちでもあったのだろう。

歴史に詳しいわたしの法友が、蓮如《れんにょ》の教線が広がるにつれて口減らしが激減し、日本の人口が飛躍的に増加したという説を唱えていたが、むべなるかな、と思う。

釈尊《しゃくそん》は『法句経《ほっくきょう》』の中で、「これはわたしの子、これはわたしの財産だと世間の人は言うが、あなた自身がさずかりものなのにどうして我が子、我が財産と呼べるのだろうか」と問いかけている。

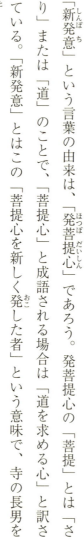

新発意

「新発意《しんぼち》」という言葉の由来は、「発菩提心《ほつぼだいしん》」であろう。発菩提心の「菩提」とは「さとり」または「道」のことで、「菩提心」と成語される場合は「道を求める心」と訳されている。「新発意」とはこの「菩提心を新しく発《おこ》した者」という意味で、寺の長男を門徒《もんと》は「新発意」と呼んだ。

長男は兄弟の中でも特に可愛がられると聞くが、寺ではかえって厳しくされるとも聞く。わたしは三人兄弟の末っ子だが、父は長男に厳しく、わたしは「長男は大変だったなあ」と思いながら今日に至っている。長女も大変だったろう。しかし、「新発意」と呼ばれるのは寺の長男だけだった。

これについて、わたしの法友の一人が、こんな話を披露してくれた。

彼が子どもの時、京都でおもちゃを買ってやるという父親の言葉に誘われて嬉々として上山《じょうざん》すると、おもちゃを買ってもらう換わりに頭を剃られてしまった。九歳得度《とくど》の常套方便である。そして、一緒に上山した門徒総代が、得度式を終えたばかりのその新発意の前にしゃがんで、「説法してくれ」と言う。彼が「何もわからない」と答えると、総代は「では、「念仏申せ」と言ってくれ」と言う。そこで彼が鸚鵡返しに「念仏申せ」と言った途端に、その総代の双眸から大粒の涙がぽたぽた落ちたそうだ。

酒を飲むたびに、法友はその話を語り始める。「新発意」とは、彼にとっても門徒にとっても、重い願いのかかった言葉だったのであろう。

善知識さま

「三島くん、あなたに「善知《ぜんち》識《しき》」と呼べるような方はおられますか？」。わたしには、この問いかけに答えられなかった時代があった。

また、こんな会話もあった。

「三島くん、あなたの善知識は誰や？」

「親鸞《しんらん》聖人《しょうにん》です」

「ほう。あんた、親鸞聖人に遇《お》うたんか？」

自分にとって、このような問いを投げかけてくれた人こそ「善知識」であった。

しかし今は、「あの先生のお話を聞いたことがある」「あの先生の本は読んだ」という時代である。そこに、人と人との出遇いはあるのだろうか。

人との出遇いを通さずして、人は法に触れることはできない。「幸いに有縁《うえん》の知識に依らずは、いかでか易行《いぎょう》の一門《いちもん》に入《い》ることをえんや」という、『歎異抄《たんにしょう》』の一節が思い浮かぶ。

ひと昔前の真宗門徒《もんと》は、自分が出遇うことのできた善《よ》き人を、「善知識さま」と呼んだ。しかし今は、先生とか講師とかと呼ぶ。何かが決定的に違って、歯がゆい。

手次の報恩講に詣らんようなもんは、門徒とは言えんぞ

飛騨古川のある寺で講じた法話の中で、「手《て》次《つぎ》の報恩講《ほうおんこう》に詣《まい》らんようなもんは、門徒《もんと》とは言えんぞ」という言葉を、住職が門徒に報恩講へ参ることを促すものとして紹介したことがある。すると、法話の後に、一人の老人が控え部屋にいるわたしを訪ねて来た。

「久しぶりに懐かしい言葉を聞きました。けんど、ありゃ、わしは住職が門徒に向かって言った言葉じゃなかったように記憶しとるんですわ。それ、古川は飲み屋が多いでしょう。報恩講のころは、また寒い。それで、職人たちが仕事帰りにちょっと近所の飲

み屋に立ち寄るわけです。狭い町のことですから、酒の肴に報恩講の話もひょこっと出てくる。たとえば、隣に座った顔馴染みに、

「あれ？　今日は、お前んところの手次の報恩講でねえか」

「今日はちょっと風邪気味で」

「ふうん、手次の報恩講に詣らんようなもんは、門徒とは言えんぞ。ははっ」

と笑いながら相手に酒をつぐ、という塩梅《あんばい》です。そうそう、こんな時にも言ったりしましたな。軽トラックで農道を通っていたら、知り合いが畑に出ておった。そこで車を停めて、窓から声をかけるんですわ。

「なんや、今日はお前んところの寺の報恩講でねえか」

「いやあ、ちょっと仕事が残っとったもんで」

「ははあ、手次の報恩講に詣らんようなもんは、門徒とは言えんぞ。ま、あんまり無理せんと、ぼちぼちやりねえ」

こんな具合に、門徒が互いに声をかけ合って、報恩講に参ることを当たり前にしとっ

た時代がありました」と、老人。

「そりゃ、いつごろの話ですか?」と、私。

「さあて、昭和の四十年ごろまでやったでしょうかな」と、老人。

如来さま

「如来《にょらい》」の如というのは「真如《しんにょ》」、すなわち「真実」という意味である。その真実から衆生《しゅじょう》のところまで来たるものを「如来」という。

ひと昔前の真宗門徒《もんと》は、「仏さま」と言うよりも、何かにつけ「如来さま、如来さま」と呼んでいたような記憶がある。それは、阿弥陀《あみだ》如来がどこか遠いところに在るものではなく、自分のところまで「如＝来」しているもの、という実感がみんなにあったからなのだろう。

北陸地方の旧家を訪ねるテレビ番組の中で、レポーターが奥座敷のお内仏《ないぶつ》を指さして、当主の老人に尋ねた。

「あの仏さまは、何という仏さまですか？」

「如来さまや」

「薬師《やくし》如来ですか？」

「いや、如来さまや」

「……？」

という会話が印象に残っている。

わたしがハワイで開教使をしていたころ、やはり「如来さま、如来さま」と言う老婦人と出会った。戦前にハワイの日系人に嫁いだ方で、知り合ってほどなく入院されたので見舞いに行くと、ベッドの壁に、如来の絵像が画鋲で留めてあった。

「これはどうしたのですか？」とわたしが尋ねると、「母が、国を出る時に行李《こうり》の下に押し込んでくれたのです。こっちへ来て戦争が始まって、わたしの息子はアメリカに志願してドイツの森で戦死して、わたしは行李の中の着物などすべてを失いましたが、この如来さまだけは残りました……」と話してくれた。

この老婦人も、子どものころに周りが「如来さま」と呼んでいた環境に育ったのだろう。

話は飛ぶが、昭和三十一年（一九五六）に宗祖親鸞聖人《しゅうそしんらんしょうにん》七百回御遠忌《ごえんき》の記念事業として、『教行信証《きょうぎょうしんしょう》』の英訳が開始された。その翻訳を依頼された鈴木《すずき》大拙《だいせつ》師は、「本願《ほんがん》」を「Prayer」（いのり）と訳された。そして、それまでは「practice」（修行）と訳されていた「行《ぎょう》」を、「living」すなわち「生きること」と訳した。これはどういう意味かというと、「念仏者とは阿弥陀のいのりを生きるものだ」ということになる。さらに言えば、「念仏者とは如来と共にこの苦悩の人生を歩み切るものだ」ということになる。

この名訳に触れるたびにわたしは、遠くあのハワイで出会った老婦人を思い出す。彼女こそ、苦労の多かった人生の幾山河をあの本尊《ほんぞん》と共に力強く歩んでこられたのではなかったのか、と。戦争の犠牲者は、国内の日本人だけではない。アメリカの日系人も、敵性国民として排除、隔離され、移民以来営々と築いてきた人生を一度断絶させられた歴史がある。

その老婦人は別れ際に、「もしここから日本まで一本の道が続いていたら、そして、もし人が一日一粒の米で生きられるものだったら、わたしは迷わずその道を一日一粒の米を食べて、歩いてでも日本へ帰ったでしょう」と、苦労の多かった人生を、訛《なま》りの強い英語でわたしに語った。わたしは、彼女の人生を照らし続けてきたであろう、その枕元の本尊に静かに手を合わせた。

真宗門徒にとっての本尊とは、礼拝《らいはい》の対象だけではなく、それをいのちとして共に歩むことなのだ、ということを彼女から教えられた。

念仏は言うんでねえ、申されるんやぞ

昭和四十年代ごろまでは、どこの寺にも、「妙好人《みょうこうにん》」とまでは言えずとも周りの門徒《もんと》から自然と尊敬を集めている「信心もの」の門徒が必ず二、三人いた。そういう門徒がいる寺や村は、遠くから眺めてもどこか落ち着いて見えたものだ。「念仏は言うんでねえ、申されるんやぞ」という言葉は、そのような信心ものが信心談義の折に、周りの門徒を諭《さと》すようにふと口にするような言葉であった。

今は絶えて聞かれなくなった言葉であるが、平成に入ってから法事の席で一度聞いたことがある。

「今日の法事の母ですがなあ、百歳で亡くなる前に、わしに妙なことを言いまして。お夕事に母の後ろでナマンダブ、ナマンダブとお内仏《ないぶつ》に手え合わしとったら、母が急に後ろ振り返って、「繁利よ、念仏は言うんでねえ、申されるんやぞ」とわしに言うんですわ。何言っとるんや、言うも申すもおんなじでねえかと思って、その時は気にも留めませんでしたが。母が亡くなってから、ふっとその言葉が気になり出して……。ちょうどそのころ、わしの息子が、勤めとる消防署からの帰りが遅うなることが度々ありましてな。それで、明日田植えやっていうのに、夜になっても帰ってこん。ついに堪忍袋の緒が切れて、ばあちゃんの止めるのも聞かず、玄関先で息子の帰りを待ち構えておったんですわ。そうしたら、帰って来た、帰って来た。わしゃ、息子に飛びつきました。

「お前、どこ行っとんたんや！　また、酒でも飲んできたんやろ。明日は田植えやぞ。田植えの前の日は田植えより忙しいことぐらい、お前、知っとるやろ。お前の根性なんかわかっとる。わしが死んだら、この田畑、ちゃっかり持っていくつもりやろ。そんなことぐらい、わしが知らんとでも思っとるのか！」

ところが、息子は黙ってボーッと立っとる。ふとその足もとを見たら、泥だらけの長靴姿や。

「何や、そりゃ?」

「うん。明日田植えやで、会社から真っ直ぐ田んぼ行って、今まで準備しとったんや」

わしゃ、恥ずかしゅうて、恥ずかしゅうて。その場におれんようになって、気がついたらお内仏の前に座って、ナンマンダブー、ナンマンダブーと唱えていました。その時、「念仏は言うんでねえ、申されるんやぞ」という母の言葉が、ふっと浮かんで……。なあ、ご院主《いんじゅ》さん。あさましい自分の姿に気づいたなら、念仏申さんにゃおれんのですなア……」。

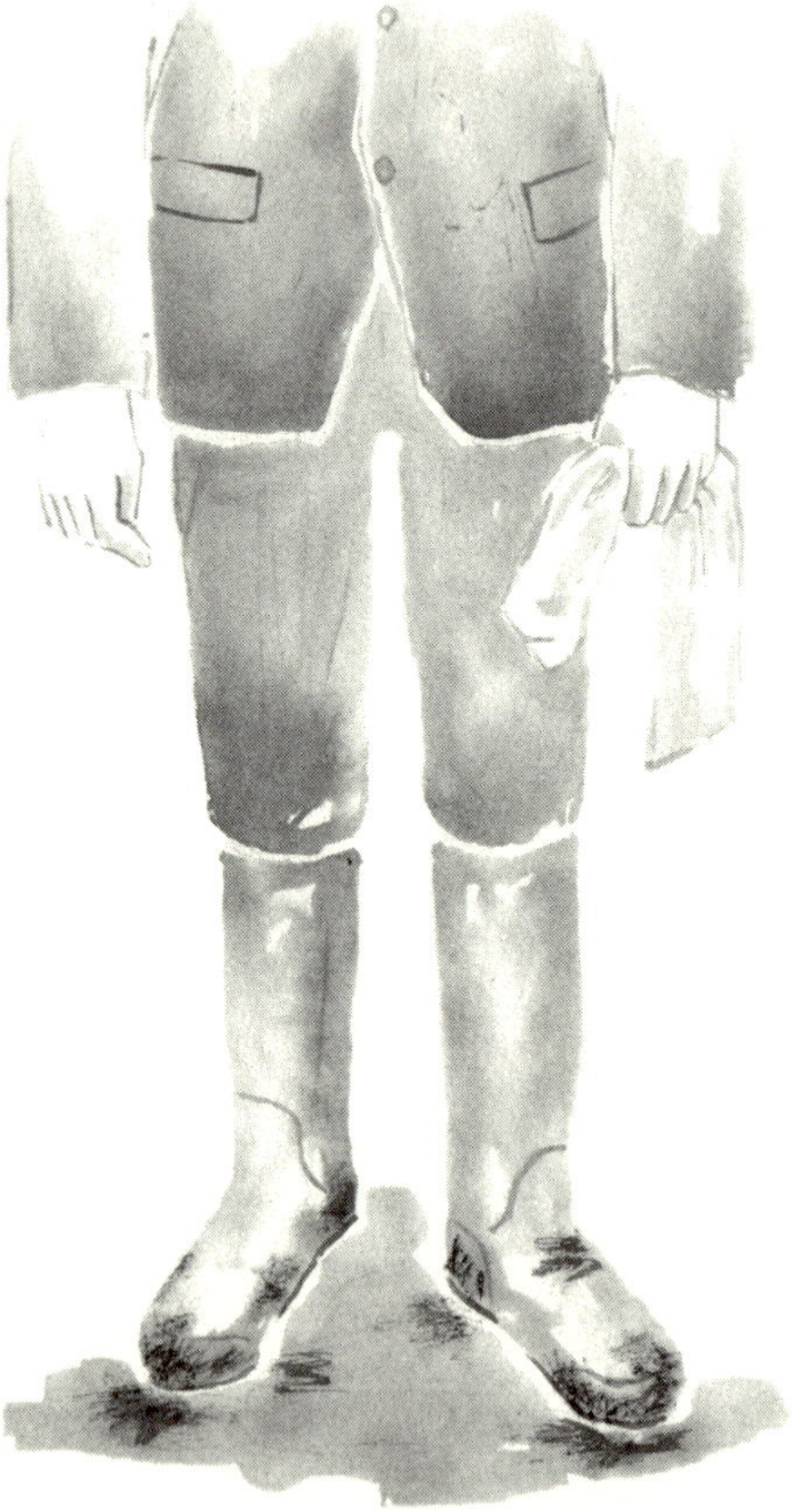

初もの

一般では「初もの」と言えば、季節の旬の食べ物だろう。しかし、真宗門徒《もんと》の言う「初もの」には、もう一つ違った語感があった。「(お)初もの」である。

子どものころ、秋のお彼岸会《ひがんえ》か永代経《えいたいきょう》の折に、本堂の左右の余間《よま》に、門徒が持ち込んだ二つの米袋が山積みにされた。右余間の米袋を「上げ米」、左余間の米袋を「下げ米」と言って、上げ米はそのまま寺へ、下げ米は再び門徒が家に持ち帰った。

「なんで、わざわざ持ってきて、また持ち帰るんやろ?」と、わたしは母親に尋ねたことがある。母は、「まず仏さまにお供えしてから、家でいただくんや」と言っていた。

自分で作ったものをすぐに食べられないということが、子どものわたしには理不尽に思えて仕方がなかった。しかし、門徒にとって「初もの」は、自分が作ったものではなかった。「今年はいいお照らしがありまして」という言葉が示すように、諸々の「お陰《かげ》さま」の産物だったのだ。

また、それを粗末にして捨てることを、三重の門徒は「もの殺し」と言ったと聞く。

屏風の向こうも明日の天気もわからん者が

わたしたちの耳は聞きたいことを聞きたいようにしか聞かず、目は見たいものを見たいようにしか見ない。それは、どこまで枝を広げても結局は鉢の中の盆栽であるのと同じことだ。そこに知性の限界がある。

にもかかわらず、そのわずかばかりの知見をもって、屏風《びょうぶ》の向こうも知れたものと、たかをくくっている。そこに、わたしたちの知性の誤謬《ごびゅう》と無明《むみょう》性がある。

「屏風の向こうも明日の天気もわからん者《もん》が」とは、人間の分別《ふんべつ》性を鋭く指摘する言葉で、明治の能説《のうぜつ》家、七里恒順《しちりこうじゅん》の法話集にもこの言葉が出てくる。

仏壇仕舞い

「仏壇開き」を、浄土真宗では「おわたまし」と言う。しかし、「おわたまし」は仏壇に魂を入れたりすることを意味するものではなく、本尊《ほんぞん》安置に際して仏徳讃嘆《ぶっとくさんだん》のお勤《つと》めをすることである。仏壇を処分する場合は「おわたまし」とは言わない。ただ世間一般で言うように、「仏壇仕舞《じま》い」の言葉ですませている。

都会に所帯を持った門徒《もんと》の長男が、故郷に残した両親を順に亡くして、「いろいろお世話になりました」と、仏壇仕舞いを寺に頼みにきた。その家での最後のお勤めが、やがて主のいなくなる座敷に響くのは寂しいものである。その家で生まれ育った長男は尚更のことだろう。

お勤めの後に、わたしはおもむろにお内仏《ないぶつ》の絵像を下げて、「この家の宝や。ええか、大事にせよヨ」と相手に手渡すことにしている。

「子どもが、そのご絵像に手を合わせてから幼稚園へ行くんですよ」。お内仏から下げた絵像を、その長男が東京のマンションの壁に画鋲で留めていたところ、毎朝子どもがそれに手を合わせるようになったと、何年か後に聞いた。自坊《じぼう》の門徒は一人少なくなっても、東京砂漠に可愛い門徒が一人生まれてくれた。

仏壇の前でもう一度同じことが言えるか

「仏壇の前でもう一度同じことが言えるか」という言葉がある。息子が了見違いを起こして親に言うまじきことを口走った場合などに、この言葉が登場する。

この言葉についてこの間、門徒《もんと》のお嫁さんからこんな話を聞いた。

専業農家のその家は、事あるごとに仕事のやり方について親子が衝突する。息子はこれからの農業を、親は今までの農業を主張するのだ。ある日、ついに両親と息子夫婦の間に、深夜に及ぶ大激論が勃発した。闘い疲れて涙も声も涸《か》れ果てた長い沈黙の後に、

「明日も早いで」と四人がふらっと立ち上がると、今まで黙って論争を聞いていた母親が、「寝る前に、みんなお内仏《ないぶつ》参ってこ」と一言。

「それで、みんな仏間へ行ってお参りして。朝起きるとみんな、元気にオハヨウと、昨夜なんにもなかったみたいに、てんでてんでに仕事場へ行ったんです。あれ、不思議でした。お内仏に参るとは、ああいうことやったんやね」と、お嫁さんはわたしに語ってくれた。

それぞれの四人がそれぞれに、「真向かい」になった深夜の仏前ではなかったのかと、わたしはその話をいただいた。

仏壇参ったか

「仏壇参ったか」。朝夕の食事を前にして、何回この言葉を親の口から聞いたことか。しかし、今ではどこの親も言わない。お盆や正月に子や孫が帰省しても、仏間は素通りして居間に直行する。ビールに高校野球のテレビ観戦と、瞬く間に短い休暇は過ぎていく。

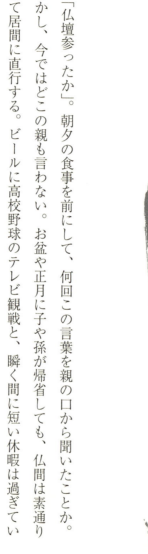

「おお、よう帰ってきた。喉、渇いたやろう。今から西瓜切るで、まず仏壇参ってこい」と、玄関先で帰ってきた子や孫に申し渡すのが真宗門徒《もんと》の嗜《たしな》みではなかったのか。

休暇の終わりもそうだった。「今から帰るか。どのくらいかかる、四時間か。道混んどるで、運転気をつけてな。ま、最後に仏壇参っていけ」。昭和の中ほどまで、これが当たり前の帰省風景だった。

仏壇に参れと教えられ、また参るものだとしつけられて育った子どもは、親が亡くなってからも無住の家に帰省する。空き家の仏壇を夫婦で掃除し、「お経をあげてほしい」と、夕暮れにわたしを呼ぶ。今年のお盆も、そういう家が三軒ほどあった。

◈浄土真宗では、仏壇を「お内仏《ないぶつ》」と言う。わたしもそう言って日々教化《きょうか》しているが、子どものころに聞いた言葉としては、「仏壇」の方が耳に残っている。「お内仏参ったか」と言うよりも「仏壇参ったか」と言う方が伝わりやすいせいか、子どもに対しては特にそう言われることがよくある。

報恩講にあわせてもらう

「今年は、いい報恩講《ほうおんこう》にあわせてもらった……」。

報恩講帰りの門徒《もんと》衆がしみじみとそう呟《つぶや》いていたことが、わたしの耳に残っている。

私が生まれ育った地域では、真宗門徒にとって報恩講とは、一年の「おしまい」と、一年の「おはじまり」だと言われてきた。そこから思うに、その言葉を呟いた門徒は、その一年の中で何かしら念仏申さずにはおれないようなご縁に遭遇したのであろう。つまり、如来《にょらい》の「ご催促《さいそく》」に遇ったのだ。それが、「今年は、いい報恩講にあわせてもらった」という感慨となって口から漏れたに違いない。

報恩講に「参った」のではなく「あわせてもらった」という語感から、それが伝わってくる。それは一年がかりの感慨で、そのような一年の総決算の場としての報恩講を、かつての門徒は持っていた。その歴史をこの言葉は教えてくれる。

参らせてもらう

小学生のころに、わたしを可愛がってくれた門徒《もんと》のおばあちゃんが亡くなったと聞いた。幾日か経って、「あそこのばあちゃん、死んだんやってな」とある門徒に訊ねると、「人は死ぬんでねえ、参らせてもらうんやぜな」という言葉が返ってきた。

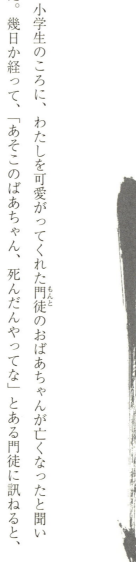

死んだら終わりという人生と、「参らせてもらう」という方向性を持った歩みの人生の二つがあることを、わたしに教えてくれた最初の言葉であった。

今でも稀《まれ》に、「先ほど父が参らせてもらったので……」という、枕経《まくらぎょう》を頼む電話を受けることがある。また、野送《のおく》りでは「今度はいいところへ参らせてもらえよ」という言葉が、会葬者の口々から自然に漏れた。それが聞かれなくなって久しい。参るべき浄土が見えなくなった時代であろうか。

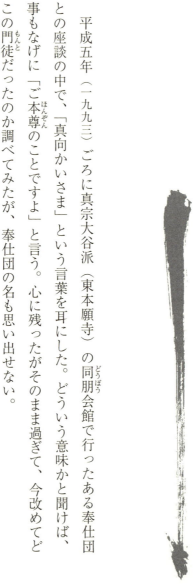

真向かいさま

平成五年（一九九三）ごろに真宗大谷派（東本願寺）の同朋《どうぼう》会館で行ったある奉仕団との座談の中で、「真向かいさま」という言葉を耳にした。どういう意味かと聞けば、事もなげに「ご本尊《ほんぞん》のことですよ」と言う。心に残ったがそのまま過ぎて、今改めてどこの門徒《もんと》だったのか調べてみたが、奉仕団の名も思い出せない。

その時の会話の中で、その地方では子どもを叱る時に、「お前、一度真向かいになってみよ」というふうにも言う時があると聞いた。この場合は、「ご本尊の前に一度座ってみよ」という意味になる。これを思うに、真宗門徒は朝夕二回、自分自身と真向かいになる時間を生活の中に持っていたことになる。

迷いおさめ

仏法を聞くことによって、この身が生死《しょうじ》流転の長い歴史を経めぐってきた者であることが知らされ、自然に頭が下がる時が訪れる。たまたま人としてこの世に生を受け、聞き難い法に出遇えたという事実は、やがて今の生涯をもって数え切れぬほど繰り返された迷いの生の最後の「おさめ」にせんという志願となる。それを「迷いおさめ」と言う。

先輩住職に確認したところによると、『長阿含《じょうあごん》』『有部毘奈耶雑事《うぶびなやぞうじ》』などの経典には、「天上天下唯我《てんじょうてんげゆいが》独尊《どくそん》」の文言の前に「これすなわち最後生の身なり」または「これが輪《りん》廻《ね》に於ける最後の生なり」という文言が見られるそうだ。これらの言葉を勘案すると、蓮如《れんにょ》が語る「後生《ごしょう》」の言葉も、一般に考えられているような来世での転生を意味するものではなく、今生《こんじょう》をもって迷いの生の最後にせんという意味での「後生」と捉えることができる。

また、本山収骨《ほんざんしゅうこつ》は「親鸞聖人《しんらんしょうにん》の御もとに納骨する」という考えが一般的であるが、『稟承余艸《ほんじょうよそう》』という稀書には、門徒《もんと》がわざわざ本山に収骨するのは、曠劫《こうごう》よりこの方、空しく流転してきた世々生々《せぜしょうじょう》の迷いが今生をもって打ち止めされた「御礼」という意味があるとも述べられている。

◆『稟承余艸』とは、天明八年（一七八八）の本山両堂焼失の際、灰塵から上がる煙まだ消え去らぬ最中に、本宗寺真詮が本山機構と儀式について二十七箇条にわたって述べた講義録。

まんだ死なせてもらえんのやわ

現代は世を挙げての「健康ブーム」である。長生きだけが人生の目的となってしまった空しさをそこに感じるのは、わたしだけだろうか。

「今まで見てきた長寿の患者の中で、これで充分だと言った患者はいない」と、知り合いの医師がわたしに御宣託した。なるほど、長寿を願うのは人の本能だろう。しかし、「現代人は長生きが幸せだと思っている」と、解剖学者の養老孟司《ようろうたけし》は指摘する。『平家物語』にも、「生きてこの憂き目にあえるかな」という生死《しょうじ》観がある。そこで、その医者に「では、あなたご自身は?」と聞くと、「ま、適当なところで」などと答えた。この

矛盾が、わたしたちの偽らざる心理である。

「まんだ死なせてもらえんのやわ」という言葉は、愛知県稲沢市の法友から教えてもらった。名古屋周辺の真宗門徒《もんと》は、「そろそろ死にたい」とは言わずに、「まんだ死なせてもらえんのやわ」と言うのだそうだ。そこに、人の寿命の長短は自分の意志によって決められるものではなくすべては業縁《ごうえん》によるという他力《たりき》の生死観が見え隠れしている。

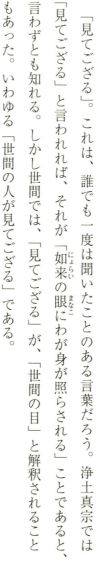

見てござる

「見てござる」。これは、誰でも一度は聞いたことのある言葉だろう。浄土真宗では「見てござる」と言われれば、それが「如来《にょらい》の眼《まなこ》にわが身が照らされる」ことであると、言わずとも知れる。しかし世間では、「見てござる」が、「世間の目」と解釈されることもあった。いわゆる「世間の人が見てござる」である。

言葉は時代と共に変化する。たとえば「貴様」という言葉は、近世までは目上の人に使用される敬語であったが、現代では目下の者に対する呼び捨ての言葉に訛化《がか》している。「仏」という名称もそうである。本来は「覚者」を意味するこの言葉は、現代に至っては「ホトケ」と書いて遺体を指す場合もある。

それと同じことが、この「見てござる」についても言える。われわれを見そなわす絶対者の眼が、世間の目に置き換えられるということが歴史の中で起きている。この問題は案外と根深い。

これに関連して、ある座談会風景を観察したわたしのメモがあるので紹介したい。

ア、なかなか発言が出ない。
イ、指名されても、周りを見てから、もぞもぞ発言する。
ウ、人の陰に隠れようとしている。
エ、おざなりの挨拶で終わる。
オ、当たり障りのない発言をしようとしている。
カ、いい返答をしようとしている。
キ、意味なく謙遜する。

ク、場の空気にあわせて発言する。

ケ、自己を語れない。

手当たり次第に記したメモであるが、これらに共通する心理は、周りの目や世間の目を気にする過剰な他意識だ。わたしが特に気になったのは、最後に挙げた「自己を語れない」についてである。そういう人は、自己を語る場合でも、経歴のようなものを長々と語ることが多い。それは、自分の人生を俯瞰する立場に一度も立ったことがないからであろう。一度も反省されたことのない経歴は、事件の羅列であっても歴史ではない。

自民党元幹事長の野中広務《のなかひろむ》と在日朝鮮人の辛淑玉《シンスゴ》の対談（『差別と日本人』）の中で、辛は「この時代の日本人は、何月何日に何があったかということには饒舌だが、その時自分がどう感じたかについては、語る言葉を持っていない」と述べている。

なぜ自己を語れないのか。それは、世間の価値観を自己の価値観として生きてきたからに他ならない。そして、その世間から排除されることを、日本人は何よりも怖れた。

いわば、世間を神として生きてきたのである。

世間の価値観から一歩も離れられないこの心理的傾向は、徳川時代の三人組制度にまで遡ることができるが、第二次大戦ではその心理が軍部に巧みに利用された。その一つとして、各家庭に「スパイにご注意」という刻印入りの湯飲みが配布されたことがある。「障子に目あり、壁に耳あり」で、「ヘタなことは言えん」というこの性向は、前に挙げたメモを見るかぎり平成の今も続いている。

このようなわが国の同質社会文化の歴史を振り返った上で、もう一度「（仏が）見てござる」という言葉を吟味してみると、これは日本の民衆が世間の価値観を離れて自己と社会を俯瞰《ふかん》する眼差しを持った最初の言葉ではなかったかと思えてくる。つまり、世間の目を超えたもう一つの眼の発見である。このような視座が世間の価値観と矛盾し、時に軋轢《あつれき》を惹起《じゃっき》したとしても致し方ない。

「門徒《もんと》もの知らず」という言葉があるが、元はといえば、その世間のルールとのこのずれを世間が揶揄《やゆ》して言い始めたものに違いない。

◆「門徒もの知らず」の「もの」は「物忌《ものい》み」が訛《なま》ったとする説もあるが、一般では、「もの知らず」すなわち「門徒は同質社会の常識を知らない」というふうにも流布していた。

冥加に尽きるぞ

「冥加《みょうが》」も「冥利《みょうり》」も、辞書によると「神仏の加護」のことを指すが、真宗門徒《もんと》は「冥利に尽きる」とは言わずに「冥加に尽きる」と言う。この言葉は、日常では相手を諭《さと》す場合にほぼ使用されるもので、自分に「あたわった」はずのものをわが物として粗末に扱った時などに、一種の警句として登場した。

一粒の米でさえも粗末に扱って棄てれば「冥加に尽きる」のであって、今年百歳になるわたしの母親は残りのご飯粒をためておき、障子張りの糊として使っていた。また、本堂の屋根を越える大きな庫裏《くり》の設計図を広げる若い住職に、「冥加に尽きんように……」と告げた古僧の寸鉄も忘れ難い。

この言葉の出処はおそらく蓮如《れんにょ》で、『蓮如上人御一代記聞書《れんにょしょうにんごいちだいききがき》』には「冥加につきて」「冥加なき」「冥加の方《かた》をふかく存ずべき」「冥加に叶う」などとよく使われている。特に最後の「冥加に叶うと云うは、弥陀《みだ》をたのむ事なる」という蓮如の指摘は、この言葉のさらなる含蓄を秘めて身が引き締まる。覚如《かくにょ》の『改邪鈔《がいじゃしょう》』になると「冥加なきくわだてのこと。それ慢心は（略）仏道をさまたぐる魔」とまで言われている。

◆地方によっては本堂より大きな庫裏を建ててはならんという言い伝えがあるが、現在の寺事情では、大きな庫裏もそれ相応の活動の場となっている。

胸に手ぇ当てて聞いて見よ

「胸に手ぇ当てて聞いて見よ」は、真宗門徒《もんと》のみならず世間一般でもよく使われていた言葉だが、最近はあまり耳にしない。

たとえ、世界中の人間を騙《だま》しおおせても、自分の本心だけは騙しおおせるものではない。「胸に手を当て」れば、やはりふっと思い当たる後ろめたさや罪が、厚化粧の下にしっかりと隠れている。しかし、それは法を聞いてみなければ見えてこない。それで、「聞いて」、わが身を「見よ」と。

よくできた言葉で、特に真宗門徒に多く使われてきたこともうなずける。

もったいない

「もったいない」という言葉は、ノーベル平和賞を受賞したワンガリ・マータイが提唱して二〇〇〇年代の日本でもブレイクした。まさに「死語の回復」と言うべきで、彼女が喧伝しなければ、その言葉ほど使い捨て時代の現代の日本にほど遠い概念はなかったことだろう。

「もったいない」は「saving」と英訳されている。それは、「ものを節約すること」を意味する経済用語で、日本のマスメディアはおそらく「もったいない」と「ケチ」との見分けもつかない中で、その逆輸入された言葉をありがたがっていたような気がする。

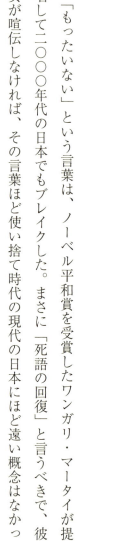

しかし、「もったいない」の背景には、「あたわったいのちを粗末にするなかれ」という意味がある。それはやがて、「わたしのような者に」という謝念に繋がっていった。それゆえ、雨や雪などの難儀を忍んで門徒《もんと》の家を訪れると、「ああ、もったいない」と言いながら主人が玄関先へ飛び出してくる。そう言われた住職はなおさら、「もったいない」と言う。互いの存在がすでにして「もったいない」のである。

このような「もったいない」は、けっして「saving」（節約）とは訳せない。

加賀門徒の長田《おさだ》吉昭《よしあき》氏から聞いた話を思い出した。朝に顔を洗っていると、洗面器の底でチャリンと音がする。取り上げてみると、残っていた歯がどうやら抜けたらしい。そのまま捨てようとしたが、何気なく鏡台の前にそれを置いて、洗顔の後にぼんやり眺めているうちに、ふと気づいた。「親から授かって、生涯はたらき続けた歯が一つ、如来のいのちに輝いている。ああ、もったいない、もったいない……」と。この「もったいない」を訳す言葉は西欧文明にはない。

あとがき――「死語の回復」――

北海道に、「五升芋《ごしょいも》」と呼ばれている馬鈴薯がある。それは品種としての名ではなく、入植当時に一株から五升枡《ます》一杯の芋が収穫できたところから、その名が付いたと言われている。また一方で、明治天皇が彼の地を巡行された時に、地元の農民が馬鈴薯を五升枡に盛って献上したところから、その名が付いたという説もある。

この芋を、北海道のある老坊守《ぼうもり》は、「後生芋《ごしょういも》」だと言って聞かなかった。彼女が言うには、入植者には先発組と後発組があり、後発組は何年も先に入植していた先発組から命からがら芋の食糧援助を受け、さらに奥地の入植地開拓に分け入ることができたそうだ。だからその馬鈴薯は「後生のいのちをつなぐ」ところの「後生芋」だというのが、その老坊守の聞き語りだった。

さて、ここで大切なのは、「五升芋」命名説の真偽ではなく、この坊守が「五升芋」を「後生芋」と信じ続けてきたという事実である。真宗門徒《もんと》に伝えられてきた言葉もそうで、世間一般で何気なく使われている言葉であっても、それを門徒が口にすることによって、ある種の含蓄と深みを帯びたものに昇華するのである。これに相当する言葉に、「お恥ずかしい」「あさましい」「お陰《かげ》さま」「もったいない」などがある。

これに対して、明らかに真宗門徒、または門徒ならずとも浄土真宗の教えに多少馴染みのある者しか理解できそうもないと思われるものに、「お手廻《てまわ》し」「ご催促《さいそく》」「真向かいさま」「あたわり」「善知識《ぜんちしき》さま」などの言葉が挙げられる。これら「真宗民語」とも言いつべき言葉を概観してみると、今さらながらそこには一つの真宗文化が根付き、語り継がれ、花開いていたことがうかがわれる。

真宗門徒の言葉の分布については、特定の地域を限定することができない。むしろ、真宗の教線に従って教区全体で普遍的に使用されていたことに驚く。たとえば、「いなだいて、いただけよ」の「いなだく」は、辞書によるとこの言葉は飛騨地方独特の方言だということになっているが、飛騨から遠く離れた愛知県でも使用されていた。調べればもっと広い教区に及ぶかもしれない。

真宗教団の持つこの伝播力と普遍性は、蓮如《れんにょ》の教化《きょうか》以来培《つちか》われてきたもので、近世に至っては全国を回る布教師などによってこれらの言葉が全国に広められ、やがてその土地の人心に土着したものであろう。

言葉は、土着することによって相続される。最近、「真宗の土徳《どとく》」などと言われるが、具体的にはこのような言葉の相続以外にはないだろう。これらの言葉を聞いた者の責任として、わたしはこの本を書いた。本書を読まれた方も、これらの言葉の中に気に入ったものがあれば、なるべく多く使用して「死語の回復」をはかっていただきたい。

言葉は、使われることによって再生する。それだけがわたしの願いである。

最後にこの本の出版にあたって御指導いただいた法藏館の満田みすず女史には心より

感謝申し上げます。

二〇一七年六月

三島清円

［解説］真宗門徒の民俗語彙は何を語るのか

宗教民俗学者　本林靖久

この本に書かれた言葉は、真宗門徒が日常の生活のなかで語られている民俗語彙である。民俗とは、民間伝承とも習俗とも呼ばれ、いつとも知らぬ昔からこの国で生活してきた人々の間で、意識的に、あるいは無意識的に、今日まで、幾世代にもわたって伝承してきた知識や技術・行為のことである。そこでは、歴史的な文献で伝えられてきたものもあるが、その多くは口から口へと語り伝えたり、心から心へと受け継がれたりしてきた。このなかには、物の形や人の動作で表現されてきたものもある。そのような意味では、「習わし」「言い習わし」などという言葉にも近い。

ところで、民俗の研究者が真宗地域で葬送儀礼などの聞き取り調査をすると戸惑うことがよく見られたという。例えば、真宗門徒の古老に「亡くなった人はどこへ行きますか」と尋ねると、「お浄土へ行くよ」と答えてくれる。そこで民俗学者が、「霊魂が浄土へ行くんですか」と問いかけると、「霊魂の問題じゃなくて、この世で命が終われば、直ぐに生まれ変わって往生するんだよ」と即答する。真宗門徒は、普段から「平生業成」や「即得往生」の教えを聞いている。真宗門徒にとって「行く」は時間経過の概念ではなく、即得（今、現在）の意味であり、日々の追善によって浄土に近づく他宗旨とは異なっている。

一般の葬送儀礼では「迷わず成仏してください」などという言葉を耳にするが、それは死んだばかりの新魂（荒魂）が、仏教の儀礼によって、荒れずに和魂になり、最終的にはトムライアゲののち祖神に昇華し、氏神（先祖）の仲間入りをするという霊魂観があるからである。一方、浄土真宗の信仰では、阿弥陀仏の側が人間を煩悩的存在と見做し、人間の生活態度の如何にかかわらず、阿弥陀仏の本願力によって、そのまま一切の衆生が救われる宗教なのである。それゆえに、浄土真宗の往生の主体は、念仏（如来）のなかに求められている「この身（私）」としての主体そのものであり、真宗では霊魂といったことは問題にされていないのである。

日本民俗学では、「死者の魂はどこへ行くのか」を主要なテーマとして、日本人の霊魂観念に由来する祖霊信仰などの民俗宗教の解明に努めてきた。一方で、真宗門徒は「弥陀一仏」の絶対他力への信仰という合理的精神に基づき、一神教的性格を有する宗教と言われ、民俗学の多くの研究者は、真宗地域を真宗独自の一元的な世界として捉え、門徒の宗教生活から民俗宗教的な部分を探り出すことができないと判断し、真宗地域を避ける傾向にあったと言える。

しかしながら、真宗信仰が地域社会に土着化していく過程においては、当然、在来の民俗宗教との間で文化接触が生じている。その接触現象のプロセスを経て、真宗信仰は住民の帰依を受け、定着することになる。近年の民俗学の視点では、真宗行事の蓮如忌は春祭としての予祝行事としての性格を持ち、秋祭としての収穫祭を吸収した報恩講と一対をなして、門徒農民の生活暦とそのメカニズムを円滑に回転させていく重要な柱になったと指摘されている。

また、浄土真宗の教義が教団統一のもとに各地方に教化されていきながらも、例えば、近江地方の「ぼんなり」、能登地方の「御示談」、飛騨・五箇山地方の「在家（念仏）道場」、瀬戸内・能美島の「常朝事」などと言ったように、その地方独自の門徒集団の性格を表わしている。これはそれぞれの土地の気候、地味、地勢などといったその地方の風土や真宗の布教の歴史的過程などによる違いが大きな要因となっている。

つまり、もとは真宗僧侶によって真宗行事のなかで語られた真宗語彙であったものが、日々の生活の日常の言葉（＝民俗語彙）として、その風土のなかで真宗的人格を作り上げてきたように思われる。そこには歴史のなかで積み上げられてきた真宗の民俗文化があると言えよう。

この著書で紹介されている真宗語彙は、飛騨地方だけに限られたものではないが、この際、私が監修した岐阜県『国府町史　民俗編』を踏まえて飛騨の真宗風景の一端を紹介しておきたい。

飛騨地方への真宗の弘布は、十三世紀中頃から十四世紀中頃にかけての嘉念坊善俊・願智坊覚淳によって始まり、真宗興隆の基盤が築かれたのは十六世紀における照蓮寺第十世明心から十三世宣明の時期とされている。真宗弘布以前には、飛騨地方は白山長滝神社の勢力のもとに白山信仰が弘布していたと言われる。

この地域の各集落の真宗行事を検討すると、家単位に開催されるものと、村落単位で開催されるものに大別することが可能である。前者としては「ホンコサマ（報恩講様）」と呼ばれる在家報恩講、後者としては、「オコウサマ（お講様）」・「オヨリサマ（お寄様）」、そして「ショウダイ（招待）」などがある。

また、高山別院から門主の「御消息」や歴代の「御影様」をお連らいして、集落の寺院や民家（公民館）へ出張布教する「御回壇」の行事、寺院から門主の「御消息」をお借りして、集落で門徒の家を借りて講を催すことも見られている。

この地域で特徴的な真宗行事に「ショウダイ（招待）」がある。集落全体を単位に、冬の農閑期に集落内の大きな家を宿として説教僧による説教を聞く行事である。普通、集落の主催で青年団が準備にあたる。

宿となるのは、集落内の特定の家で、上位階層のカツガツ衆と呼ばれる家となる場合がほとんどである。そのような家は、宿となり得る機能を有しており、間取りを見ると、僧侶を泊める「コザシキ」、僧侶専用の便所と言える「カミセンチ」などを持っていた。僧侶は特に呼ぶ僧を決めておらず、青年団で相談して決めるのであるが、遠方であっても有名な説教（布教）師を頼むことが多かったという。

「ショウダイ」は三日間にわたって開催され、集落内の人だけでなく、他集落の人も参った。若者たちは、「ショウダイ」が開催される一か月前から講員の家を借りて、『正信偈』『和讃』の練習を始めた。男女一緒に習うのは、娯楽の少ない時代の一つの楽しみであり、相思相愛、ロマンスが芽生えることもあったという。

また、「ホンコサマ（報恩講様）」と呼ばれる在家報恩講では、年一回、十一〜十二月に「ホンコサマを申す」と称して、手次寺の住職に来てもらい、隣家ならびに親戚を呼ぶ。この時に年忌法要を兼ねて開催する門徒も多く見られる。行事は午前十一時頃より始められ、まず、お斎として味噌汁とご飯が僧ならびに客に振舞われる。その後、しばらくして勤行が始まる。住職と出席者が『正信偈』『和讃』を唱える。次に住職による説教があり、それが終わると全員で会食する。

この膳に盛られた料理には、客はほとんど手をつけなかった。これらは同時に出された朴葉で各自包んで持ち帰り、家で家族の人数分に切って分配し、全員で食べた。また、料理に使用される材料は、畑からとれたもののなかで最も出来の良いものを、報恩講のために取っておいた。このような門徒の行為のなかに、在家報恩講が収穫祭としての意味をもっていることが読み取れそうである。

こうした真宗行事は、昭和四十年代以降、飛騨地方のみならず、過疎化する真宗地域においては多くの慣行儀礼が変貌し、簡略化し、または消滅していると言われている。その結果として、「門徒もの知らず」と言われた真宗門徒の行動様式や浄土真宗の特異性は、民俗研究のなかから徐々に消えつつあると言える。

真宗門徒は朝夕のお勤めだけではなく、寺院や民家などで開催されるさまざまな真宗講に参加し、声明とともに僧侶によるお説教を繰り返し拝聴するなかで信心を深めてきた。真宗門徒にとって、僧侶のお説教を聞法することは、有難い仏（または親鸞）の教えを聞くためであって、説く僧侶の主観に接するよりも、それを越えた客観的な仏の声に接していた。それは、説く僧侶は誰であれ、普遍的な教えに浸ってきたと言える。真宗教団のなかで浄土真宗の教えを忠実に、しかも平易に伝えようと研鑽してきた日本各地の真宗僧侶によって、真宗門徒の民俗語彙は、日本の真宗地域において共通した使用が多く見られている。

その一方で、真宗門徒の民俗語彙は、僧侶によって真宗行事のなかでのみ語られた言葉ではなく、その地域に生まれ、その地域で育てられ、そして、死を迎えていった真宗門徒の人生のなかで、真宗的人格を作り上げていった言葉であり、その土地に暮らす門徒にとって、教義をかみ砕いた「自家用の念仏」と言えるものである。それが、それぞれの真宗地域に「真宗の土徳」を作り上げてきたのである。

したがって、本書で記載されている真宗門徒の民俗語彙も、真宗門徒を浄土真宗の世界のなかに閉じ込めるのではなく、浄土真宗の教えを広く開放するとともに、真宗僧侶の意義と役割、真宗地域の独自性とは何か、あるいは真宗門徒の生き方とは何かといった根本的な問題を問いかけてくれる内容だと言えるのである。

さ行

た行

な行

は行

ま行

わ行

索　引

あ行

か行

三島　清円（みしま　きよまる）

1949年、岐阜県高山市鉄砲町の真宗大谷派真蓮寺に生まれる。

神奈川大学より大谷大学哲学科に編入し、1978年卒業。

1979年、真宗大谷派（東本願寺）のハワイ開教区の開教使として渡米。その後、ロスアンゼルスにて日本の弓道を通じた布教活動に専念する。1989年に帰国。

現在、高山市国府町の真宗大谷派西念寺住職。真宗大谷派（東本願寺）同朋会館教導。

門徒ことば
――語り継がれる真宗民語――

二〇一七年七月二〇日　初版第一刷発行

著　者　三島清円
発行者　西村明高
発行所　株式会社　法藏館
京都市下京区正面通烏丸東入
郵便番号　六〇〇-八一五三
電話　〇七五-三四三-〇〇三〇（編集）
〇七五-三四三-五六五六（営業）

装幀・イラスト　奈良ゆかり
印刷・製本　中村印刷株式会社

ISBN978-4-8318-8757-3 C0015